Glutenfrei backen

Glutenfrei backen

Über 80 leckere Kuchen, Kekse und Brote

Louise Blair

UMSCHAU

First published in Great Britain in 2007 by Hamlyn,
a division of Octopus Publishing Group Ltd.

Übersetzung und Satz
Stephanie Schauenburg, Starnberg

Lektorat
Ilka Grunenberg

ISBN: 978-3-86528-126-5
Printed and bound in China
10 9 8 7 6 5 4 3 2 1

Mehr Informationen zum Thema Zöliakie erhalten Sie bei der DZG:

Deutsche Zöliakie-Gesellschaft e.V.
Filderhauptstraße 61
70599 Stuttgart
Telefon: 07 11 - 45 99 81 - 0
e-mail: info@dzg-online.de
www.dzg-online.de

Die DZG e.V. ist Inhaberin der Marke „Durchgestrichene Ähre“

Hinweise

Die in diesem Buch angegebenen Löffelmaße beziehen sich auf gestrichene Standardlöffel, das heißt:
1 Esslöffel (EL) = 15 ml
1 Teelöffel (TL) = 5 ml

Die Nährwerte sind für jeweils eine Portion oder ein Stück angegeben.

Backöfen sollten auf die angegebene Temperatur vorgeheizt werden. Bei Heißluftöfen bitte die Herstellerangaben zur Anpassung von Zeit und Temperatur berücksichtigen.

Einige Gerichte enthalten Nüsse, Mandeln oder Ähnliches. Menschen, die überempfindlich oder allergisch auf Nüsse reagieren oder solche, die Gefahr laufen eine Allergie zu entwickeln (wie ältere Menschen, Babys, Kinder, Schwangere und stillende Frauen), sollten auf Nüsse und Nussöle verzichten. Außerdem empfehlen wir, die Packungsangaben von vorgefertigten Zutaten sorgfältig zu lesen, weil hier möglicherweise Nüsse, Mandeln oder Ähnliches enthalten sein können.

Dieses Buch darf nicht als Ersatz für professionelle medizinische Beratung und Behandlung gelten. In allen gesundheitlichen Fragen sollte ein Arzt konsultiert werden. Die Ratschläge in diesem Buch sind von den Autoren und dem Verlag sorgfältig erwogen und geprüft, dennoch kann eine Garantie nicht übernommen werden. Eine Haftung der Autoren und des Verlages für Personen-, Sach- und Vermögensschäden ist ausgeschlossen.

Inhalt

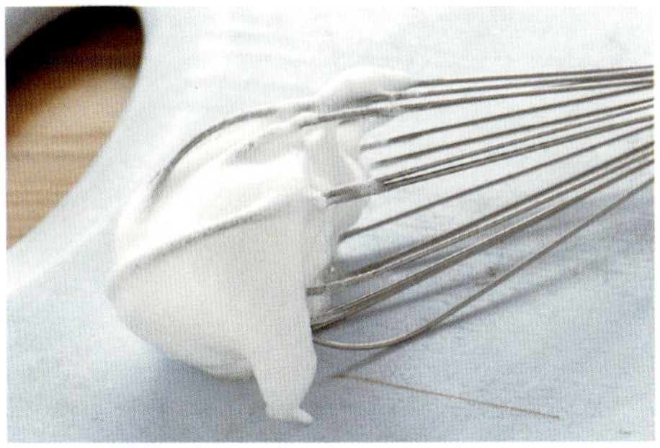

Einführung

Glutenunverträglichkeit und Zöliakie

Als unsere Vorfahren vom Jagen und Sammeln zum Ackerbau übergingen, begannen sie auch glutenhaltiges Getreide wie Weizen oder Gerste anzubauen. Schon seit dieser Zeit hat es Menschen gegeben, die kein Gluten in ihrer Ernährung vertrugen. Die Folge dieser Unverträglichkeit ist eine Krankheit namens Zöliakie. Wird diese Diagnose beim Erwachsenen gestellt, dann spricht man von der einheimischen Sprue. Menschen jeden Alters und jeden Geschlechts können an Zöliakie erkranken

Was ist Gluten?

Im Deutschen bezeichnet man Gluten auch als Klebereiweiß. Dieses Protein ist vor allem in den Getreidearten Weizen, Roggen, Gerste, Hafer, Grünkern und Dinkel enthalten. Hafer enthält nur wenig Gluten und wird von manchen Zöliakie-Patienten vertragen. Da die meisten Haferprodukte bei Anbau und Verarbeitung aber irgendwann mit Weizen oder Gerste in Berührung kommen, ist es wichtig, gereinigten Hafer zu verwenden. Dieser Hafer ist jedoch so in Deutschland nicht erhältlich, daher ist von seiner Verwendung abzusehen.

Zöliakie

Zöliakie ist eine chronische Entzündung der Dünndarmschleimhaut aufgrund der Schädigung der Darmzotten durch das Gluten. Die Fähigkeit des Darms Nährstoffe aus dem Essen aufzunehmen wird verringert, Vitamin- und Mineralstoffmangel treten gehäuft auf. Neuere Untersuchungen zeigen, dass Zöliakie in Deutschland etwa einen von zweihundert Menschen betrifft. Die letztendliche Ursache für eine Erkrankung ist bis heute ungeklärt, genetische Faktoren scheinen jedoch eine große Rolle zu spielen.

Symptome: Von Fall zu Fall sind die Symptome unterschiedlich stark. Verdauungsprobleme wie Durchfall, Verstopfung, Blähungen und Übelkeit sind sehr häufig zu beobachten. Leider werden diese Symptome noch oft mit einem nervösen Darm (Reizkolon) verwechselt. Chronische Durchfälle und ein aufgeblähter Bauch bei dünnen Gliedmaßen sind weitere Kennzeichen einer Zöliakie. Andere typische Symptome sind ein juckender Ausschlag (Dermatitis herpetiformis), Gewichtsverlust oder die Unfähigkeit zuzunehmen, Blutarmut, Müdigkeit, Mundfäule, Haarausfall und Depressionen. Diese Symptome werden häufig Stresssituationen zugeschrieben und nicht weiter verfolgt. Oft ist also die Diagnose falsch oder sie kommt erst spät. Neben dem klinischen Vollbild gibt es Formen mit zum Teil sehr uncharakteristischer Symptomatik. Daher ist das Hauptproblem bei einer Erkrankung im Erwachsenenalter, dass der behandelnde Arzt „darauf kommt", dass es Sprue sein könnte. Gut diagnostiziert wird die Zöliakie im Kindesalter. Etwa drei bis sechs Monate nach der Einführung von getreidehaltiger Kost lassen sich in solchen Fällen die klassischen Symptome wie Wachstumsstörungen, geringes Körpergewicht, Appetitlosigkeit und Durchfälle feststellen. Je später die Zöliakie im Kindesalter erkannt wird, desto untypischer sind jedoch die Symptome. Einfache Bluttests auf bestimmte Antikörper und eine endoskopische Biopsie aus dem Dünndarm schaffen aber schnell Gewissheit.

Behandlung: Die einzig wirksame Therapie ist die lebenslange glutenfreie Ernährung. Eine strikt glutenfreie Ernährung erlaubt es dem geschädigten Darm zu heilen. Obwohl das zwei Jahre und länger dauert, fühlen sich die meisten Patienten schon nach einigen Tagen oder Wochen viel besser. Doch auch bei Symptomverbesserung muss eine glutenfreie Ernährung lebenslang eingehalten werden, da nur so das Risiko einiger Krebsarten verringert werden kann. Individuelle Schulungen, der Austausch mit anderen Betroffenen und gelegentliche Auffrischungskurse erleichtern das Leben mit Zöliakie.

Mit Glutenunverträglichkeit leben

Mehl kommt leider nicht nur in Brot, Keksen, Kuchen und Nudeln vor, sondern auch da, wo man es weniger erwarten würde: in Bier, Medikamenten und Fertigprodukten wie zum Beispiel Tomatensauce, Senf, Suppen und Kartoffel-Chips. Aber obwohl Weizenmehl für sehr viele alltägliche Nahrungsmittel verwendet wird, gibt es heutzutage auch eine Vielzahl glutenfreier Alternativen. Glutenfreies Mehl und andere glutenfreie Zutaten (siehe Seite 10–13) bekommt man schon in vielen Supermärkten, Bioläden oder über das Internet. So ist glutenfreies Backen nicht nur möglich, sondern auch unkompliziert und sehr lecker. Dieses Buch zeigt Ihnen, wie es geht.

Glutenfrei backen

Kuchen, Kekse, Brot und Nudeln ohne Weizenmehl zu machen, ist ohne Weiteres möglich. Es gibt viele glutenfreie Zutaten – in Reformhäusern, Bioläden, bei speziellen Versandhäusern und sogar im Supermarkt. Also nur keine Scheu vor glutenfreiem Backen. Abgesehen vom Mehl sind die meisten Zutaten sowieso glutenfrei: Milch, Eier, Butter, Margarine, Zucker, Obst, Nüsse, Samen, Gemüse, Konserven und die meisten Aufstriche.

Das richtige Mehl

Die Grundregel der glutenfreien Ernährung lautet: Weizen-, Gersten-, Hafer-, Grünkern-, Dinkel- und Roggenmehl strikt meiden. Allerdings sind die Backeigenschaften von glutenfreien Mehlen anders, so ist es ganz normal, dass Sie am Anfang ein bisschen probieren müssen, bis Sie sich an den Umgang mit ihnen gewöhnt haben. Glutenfreie Mehle werden aus Mais, Reis, Kartoffeln, Amaranth, Quinoa, Soja, Kastanien, Buchweizen, Hirse, Kichererbsen, Maniok und Sorghum hergestellt. Auch Mischungen aus verschiedenen Mehlen gibt es. Die Schwierigkeit beim Backen besteht darin, die Klebeigenschaften des Glutens zu ersetzen und einen elastischen Teig hinzubekommen. Dabei helfen Ihnen folgende natürliche Bindemittel:

Mit dem richtigen Mehl-Mix gelingt alles.

Xanthan ist ein für das glutenfreie Backen sehr wichtiges Verdickungsmittel, denn es ersetzt den „Kleber" Gluten und hilft so, die glutenfreien Mehle ähnlich gut zu verbinden wie Weizenmehl. Xanthan oder E415, wie es als Zusatzstoff heißt, wird im Reformhaus als Pulver verkauft. Man muss es gründlich mit den Mehlen vermengen, bevor man flüssige Zutaten daruntermischt.

Guarkernmehl und **Johannisbrotkernmehl** sind natürliche Bindemittel aus Hülsenfrüchten, nämlich aus Guarbohnen und Johannisbrotbaumsamen. Sie sind sich in ihren chemischen Eigenschaften sehr ähnlich. Beide dienen zum Andicken und Binden.

Glutenfreie Zutaten kaufen

Selbst kochen und backen macht Spaß und gibt Ihnen die Sicherheit, wirklich völlig glutenfrei zu essen – vorausgesetzt, dass Sie Ihre Zutaten sorgfältig ausgewählt haben. Kichererbsenmehl zum Beispiel ist von Natur aus glutenfrei, trotzdem kann es manchmal mit Spuren von Weizenmehl verunreinigt sein, zum Beispiel wenn es aus der gleichen Mühle kommt oder im gleichen Behälter gelagert wurde. Deshalb ist es wichtig, dass Sie vertrauenswürdige Artikel kaufen, die garantiert glutenfrei sind. Seit die Hersteller verpflichtet sind, alle Inhaltsstoffe auf den Packungen aufzulisten, können Sie viel einfacher überprüfen, ob ein Produkt glutenhaltige Zutaten oder Spuren davon enthält.

Genau wie gewöhnliche Lebensmittel unterscheiden sich auch glutenfreie von Marke zu Marke in Geschmack und Konsistenz. Probieren Sie einfach so lange, bis Sie das gefunden haben, was Ihnen schmeckt. Mittlerweile gibt es jede Menge Spezialfirmen und auch genügend Informationen über Hersteller und Produkte im Internet. Vieles kann man direkt bestellen, sodass Sie nicht einmal auf die Geschäfte in Ihrer Nachbarschaft angewiesen sind. Hilfreich sind auch die Einkaufstipps der Deutschen Zöliakie-Gesellschaft. Kurzum: Es gibt keinen Vorwand mehr, nicht glutenfrei einzukaufen und mit dem Backen loszulegen. Viel Spaß mit den Rezepten in diesem Buch, genießen Sie das Backen und Essen von glutenfreien Kuchen, Muffins, Scones, Keksen und Broten!

Muffins und mehr

Schmetterlings-Küchlein

Orangen und Pistazien gehen bei diesen aromatischen Küchlein eine unwiderstehliche Verbindung ein.

Ergibt 12 Küchlein
Zubereitungszeit 10 Minuten
Backzeit 15 Minuten

150 g Reismehl
2 TL glutenfreies Backpulver
125 g weiche Butter
125 g feiner Zucker
25 g ungesalzene Pistazienkerne, gemahlen
2 große Eier
geriebene Schale und Saft von einer unbehandelten Orange
4 EL Orange Curd (engl. Orangenbutter)

Nährwerte pro Küchlein:
kcal 196 (819 kJ) **Protein** 3 g **Kohlenhydrate** 23 g **Fett** 10 g **gesättigte Fettsäuren** 6 g **Ballaststoffe** 1 g

1 Ein Blech für 12 Muffins mit Papierförmchen auslegen. Alle Zutaten mit Ausnahme des Orange Curds in der Küchenmaschine oder mit einem Rührgerät in einer großen Schüssel zu einem glatten Teig verarbeiten.

2 Den Teig auf die 12 Förmchen aufteilen und im vorgeheizten Ofen bei 200 °C, Gas Stufe 6, 12–15 Minuten backen, bis die Küchlein goldbraun sind und eine feste Oberfläche haben. Aus dem Ofen nehmen und auf einem Kuchengitter auskühlen lassen.

3 Die Spitze der Küchlein abschneiden, sodass sie eine flache Oberfläche bekommen, die mit dem Orange Curd bestrichen wird. Die abgeschnittenen Stücke halbieren und so in den Aufstrich drücken, dass sie Schmetterlingsflügeln ähneln.

Dattel-Pekannuss-Muffins

Die Datteln geben diesen sättigenden Muffins viel Geschmack, die Pekannüsse machen sie schön knusprig.

Ergibt 18 Muffins
Zubereitungszeit 10 Minuten
Backzeit 20 Minuten

100 g getrocknete Datteln, gehackt
2 TL Natron
2 EL kochendes Wasser
400 g Vollkornreismehl
1 EL glutenfreies Backpulver
100 g weicher dunkelbrauner Zucker
100 g Pekannüsse, grob gehackt
100 g geschmolzene Butter
4 Eier, verquirlt
300 ml Buttermilch
2 EL Milch
2 EL Demerara-Zucker

Nährwerte pro Muffin:
kcal 212 (886 kJ) **Protein** 6 g **Kohlenhydrate** 25 g **Fett** 10 g **gesättigte Fettsäuren** 4 g **Ballaststoffe** 3 g

1 Zwei Bleche für größere Muffins mit 18 Papierförmchen auslegen. Die Datteln mit dem Natron in kochendem Wasser 10 Minuten ziehen lassen.

2 In der Zwischenzeit in einer großen Schüssel Mehl, Backpulver, braunen Zucker und die Pekannüsse vermengen. In einer anderen Schüssel Butter, Eier, Buttermilch und Milch verquirlen. Dann die flüssige zur trockenen Mischung gießen, die Datteln mitsamt dem Wasser dazugeben und alles rasch verrühren.

3 Den Teig in die Muffinförmchen löffeln, etwas Demerara-Zucker darüberstreuen und im vorgeheizten Ofen bei 200 °C, Gas Stufe 6, 15–20 Minuten backen, bis die Muffins goldbraun und aufgegangen sind. Aus dem Ofen nehmen und auf einem Kuchengitter auskühlen lassen.

Lavendeltörtchen

Mit Lavendelblüten dekoriert und gewürzt ist dieses feine Gebäck perfekt für eine gepflegte *tea time*.

Ergibt 12 Törtchen
Zubereitungszeit 10 Minuten
Backzeit 15 Minuten

1 EL Milch
1 TL Lavendelblüten (vom Stiel behutsam abgestreift)
125 g feiner Zucker
100 g weiche Butter
100 g Reismehl
1 EL Kichererbsenmehl
2 Eier, verquirlt
2 EL gemahlene Mandeln
1 TL glutenfreies Backpulver
1 TL Xanthan

zum Verzieren
125 g Puderzucker
12 kleine Lavendelblüten

Nährwerte pro Törtchen:
kcal 185 (773 kJ) **Protein** 2 g **Kohlenhydrate** 27 g **Fett** 8 g **gesättigte Fettsäuren** 5 g **Ballaststoffe** 1 g

1 Ein Muffinblech mit 12 Vertiefungen mit Papierförmchen auslegen. Milch und Lavendel in einer kleinen Auflaufform mit Folie abdecken und 10 Sekunden auf höchster Stufe in der Mikrowelle erhitzen. 10 Minuten ziehen lassen, sodass sich die Aromen entfalten können, dann durch ein Sieb gießen.

2 Alle Zutaten mitsamt der Lavendelmilch in der Küchenmaschine oder mit dem Rührgerät in einer großen Schüssel zu einem glatten Teig verarbeiten.

3 Den Teig in die Papierförmchen löffeln und im vorgeheizten Backofen bei 180 °C, Gas Stufe 4, 12–15 Minuten backen, bis die Törtchen goldbraun sind und eine feste Oberfläche haben. Aus dem Ofen nehmen und auf einem Kuchengitter auskühlen lassen.

4 Den Puderzucker mit einigen Tropfen Wasser zu einer dicken Gussmasse anrühren. Jedes Törtchen damit bestreichen und mit einer Lavendelblüte verzieren.

Pflaumen-Polenta-Muffins

Die Kombination ist ungewöhnlich, aber das Resultat überzeugt: genau richtig für ein herzhaftes Picknick.

Ergibt 12 Muffins
Zubereitungszeit 20 Minuten
Backzeit 20 Minuten

200 g reife Pflaumen, entkernt und grob gehackt
200 g weicher hellbrauner Zucker
50 g Vollkornreismehl
50 g Maismehl
2 TL glutenfreies Backpulver
1 TL Xanthan
1 TL Zimt
100 g Polenta
2 Eier, verquirlt
einige Tropfen Vanilleextrakt
75 g geschmolzene Butter
200 ml Buttermilch

Nährwerte pro Muffin:
kcal 227 (949 kJ) **Protein** 4 g **Kohlenhydrate** 33 g **Fett** 9 g **gesättigte Fettsäuren** 4 g **Ballaststoffe** 1 g

1 Ein Blech für größere Muffins mit 12 Papierförmchen auslegen. Etwas von dem abgewogenen braunen Zucker abnehmen, die Pflaumen in einer Schüssel damit bestreuen und 10 Minuten ziehen lassen.

2 In der Zwischenzeit alle trockenen Zutaten in einer Teigschüssel miteinander vermengen. Eier, Vanille, Butter und Buttermilch in einer anderen Schüssel verquirlen, dann diese flüssige Mischung mitsamt den Pflaumen und ihrem Saft unter die trockene rühren.

3 Den Teig in die Förmchen löffeln und im vorgeheizten Ofen bei 180 °C, Gas Stufe 4, 20 Minuten backen, bis die Muffins aufgegangen und goldbraun sind. Aus dem Ofen nehmen und auf einem Kuchengitter auskühlen lassen.

Weiße Schoko-Aprikosen-Muffins

Zart schmelzende weiße Schokolade und saftig-süße getrocknete Aprikosen – zugreifen, bevor sie weg sind!

Ergibt 15 Muffins
Zubereitungszeit 10 Minuten
Backzeit 20 Minuten

100 g getrocknete Aprikosen, gehackt
geriebene Schale und Saft von einer unbehandelten Orange
400 g Vollkornreismehl
1 TL Natron
2 TL glutenfreies Backpulver
125 g Roh-Rohrzucker
75 g glutenfreie weiße Schokolade, gehackt
75 g geschmolzene Butter
4 Eier, verquirlt
300 ml Buttermilch

Nährwerte pro Muffin:
kcal 227 (949 kJ) **Protein** 4 g **Kohlenhydrate** 33 g **Fett** 9 g **gesättigte Fettsäuren** 6 g **Ballaststoffe** 2 g

1 Zwei Muffinbleche mit 15 großen Papierförmchen auslegen. Aprikosen, Orangenschale und -saft in einem kleinen Topf kurz aufkochen und 5 Minuten sanft köcheln lassen, dann beiseite stellen.

2 In der Zwischenzeit Mehl, Natron und Backpulver in eine Teigschüssel sieben. Zucker und Schokolade dazugeben und alles vermengen. Buttermilch, Eier und die geschmolzene Butter mit den Aprikosen verrühren und rasch unter die übrigen Zutaten heben.

3 Den Teig in die Förmchen löffeln und im vorgeheizten Ofen bei 180 °C, Gas Stufe 4, 20 Minuten backen, bis die Muffins aufgegangen und goldbraun sind. Aus dem Ofen nehmen und auf einem Kuchengitter auskühlen lassen.

Zitronen-Himbeer-Küchlein

Diese saftigen Küchlein zergehen himbeersüß und zitronenfrisch auf der Zunge.

Ergibt 12 Küchlein
Zubereitungszeit 10 Minuten
Backzeit 15 Minuten

150 g weiche Butter
150 g Raffinade-Zucker
75 g Reismehl
75 g Maismehl
1 EL glutenfreies Backpulver
geriebene Schale und Saft von einer unbehandelten Zitrone
3 Eier, verquirlt
125 g Himbeeren
1 EL glutenfreier Lemon Curd (engl. Zitronenbuttercreme)

Nährwerte pro Küchlein:
kcal 206 (861 kJ) **Protein** 3 g **Kohlenhydrate** 22 g **Fett** 12 g **gesättigte Fettsäuren** 7 g **Ballaststoffe** 1 g

1 Ein Blech für größere Muffins mit 12 Papierförmchen auslegen. Alle Zutaten, mit Ausnahme von Himbeeren und Lemon Curd, in einer Teigschüssel mit dem Rührgerät oder einem Holzlöffel gründlich vermengen, zum Schluss die Himbeeren unter den Teig heben.

2 Die Hälfte des Teigs auf die Förmchen aufteilen, je einen Klecks Lemon Curd daraufgeben und den restlichen Teig darüberlöffeln. Im vorgeheizten Ofen bei 200 °C, Gas Stufe 6, 12–15 Minuten backen, bis die Küchlein goldbraun sind und eine feste Oberfläche haben. Aus dem Ofen nehmen und auf einem Kuchengitter auskühlen lassen.

Dunkle Zucchini-Muffins

Geriebene Zucchini machen diese Muffins schön leicht und saftig – ganz ohne Gemüsegeschmack.

Ergibt 12 Muffins
Zubereitungszeit 10 Minuten
Backzeit 20 Minuten

2 mittelgroße Zucchini, gerieben
2 Eier, verquirlt
100 g Pflanzenöl
125 g feiner Zucker
75 g getrocknete Datteln, gehackt
2 EL Milch
100 g Maismehl
125 g Vollkornreismehl
2 EL Kakaopulver
1 TL Xanthan
2 TL glutenfreies Backpulver

Creme (falls erwünscht)
250 g Quark
1 EL Puderzucker
geriebene Schale von einer unbehandelten Orange
evtl. einige geröstete, gehackte Nüsse

Nährwerte pro Muffin:
kcal 223 (932 kJ) **Protein** 7 g **Kohlenhydrate** 28 g **Fett** 10 g **gesättigte Fettsäuren** 2 g **Ballaststoffe** 2 g

1 Ein Blech für größere Muffins mit 12 Papierförmchen auslegen. Falls Sie, wie auf Seite 14 abgebildet, bunte Förmchen verwenden, kann der dunkle Kakao stark durchscheinen. Schöner sieht es aus, wenn Sie zwei oder mehr Förmchen ineinander setzen. Zucchini, Eier, Öl, Zucker, Datteln und Milch in einer Teigschüssel vermengen. Die trockenen Zutaten in eine zweite Schüssel sieben und dann rasch und kräftig unter die restlichen Zutaten rühren.

2 Den Teig auf die Förmchen verteilen und im vorgeheizten Ofen bei 180 °C, Gas Stufe 4, etwa 20 Minuten backen, bis die Muffins schön aufgegangen sind und eine feste Oberfläche haben. Aus dem Ofen nehmen und auf einem Kuchengitter auskühlen lassen.

3 Wenn's besonders schön und lecker werden soll, den Quark mit Puderzucker und Orangenschale glatt rühren und auf die abgekühlten Muffins streichen. Zum Schluss evtl. ein paar Nüsse darüberstreuen.

ABBILDUNG SEITE 14–15

Cranberry-Orangen-Cupcakes

Mmmh, schmeckt wie Weihnachten in den USA – eine tolle Abwechslung zu Stollen & Co.

Ergibt 12 Cupcakes
Zubereitungszeit 10 Minuten
Backzeit 15 Minuten

125 g getrocknete Cranberries
geriebene Schale und Saft von einer unbehandelten Orange
150 g weiche Butter
150 g Raffinade-Zucker
75 g Reismehl
75 g Maismehl
1 EL glutenfreies Backpulver
2 EL Milch
3 Eier, verquirlt

Guss
200 g Puderzucker
geriebene Schale und Saft von einer kleinen unbehandelten Orange

Nährwerte pro Cupcake:
kcal 265 (1 108 kJ) **Protein** 4 g **Kohlenhydrate** 36 g **Fett** 12 g **gesättigte Fettsäuren** 7 g **Ballaststoffe** 2 g

1 Ein Blech für 12 Muffins mit Papierförmchen auslegen. Die Cranberries mit Orangensaft und -schale in einem kleinen Topf erhitzen und 5 Minuten sanft köcheln lassen.

2 In der Zwischenzeit die restlichen Zutaten in der Küchenmaschine oder mit dem Rührgerät zu einem glatten Teig verarbeiten. Die aufgeweichten Cranberries mitsamt dem Saft unterrühren und den fertigen Teig in die Förmchen löffeln. Im vorgeheizten Ofen bei 200 °C, Gas Stufe 6, 12–15 Minuten backen, bis die Cupcakes goldbraun und aufgegangen sind. Aus dem Ofen nehmen und auf einem Kuchengitter auskühlen lassen.

3 In einer kleinen Schüssel den Puderzucker mit der Orangenschale und gerade so viel Saft verrühren, dass ein dickflüssiger Zuckerguss entsteht. Über jeden abgekühlten Cupcake etwas Guss geben und fest werden lassen.

Knusprige Kirschmuffins

Innendrin wunderbar saftige Kirschen und obenauf knusprige Mandelstreusel – eine super Kombination.

Ergibt 12 Muffins
Zubereitungszeit 10 Minuten
Backzeit 20 Minuten

250 g Vollkornreismehl
1 TL Natron
2 TL glutenfreies Backpulver
125 g feiner Roh-Rohrzucker
1 Glas (300 g) Schattenmorellen, abgetropft
75 g geschmolzene Butter
2 Eier, verquirlt
150 ml Buttermilch

Streusel
1 EL gemahlene Mandeln
1 EL weicher hellbrauner Zucker
1 EL Vollkornreismehl
1 EL Butter

Nährwerte pro Muffin:
kcal 189 (790 kJ) **Protein** 3 g **Kohlenhydrate** 27 g **Fett** 8 g **gesättigte Fettsäuren** 5 g **Ballaststoffe** 1 g

1 Ein Blech für größere Muffins mit 12 Papierförmchen auslegen. Mehl, Natron und Backpulver in eine Teigschüssel sieben und mit dem Zucker vermengen.

2 In einer zweiten Schüssel die Kirschen mit Butter, Eiern und Buttermilch verquirlen und behutsam mit den restlichen Zutaten verrühren. Den fertigen Teig in die Förmchen löffeln.

3 Die Zutaten für die Streusel rasch miteinander vermengen und über die Muffins streuen. Im vorgeheizten Ofen bei 180 °C, Gas Stufe 4, 20 Minuten backen, bis die Muffins goldbraun und aufgegangen sind. Aus dem Ofen nehmen und auf einem Kuchengitter auskühlen lassen.

Tiramisu-Törtchen

Mit Mascarpone, Espresso und Marsala schmecken diese Törtchen so richtig nach Italien.

Ergibt 12 Törtchen
Zubereitungszeit 10 Minuten
Backzeit 15 Minuten

150 g weiche Butter
150 g Raffinade-Zucker
75 g Reismehl
75 g Maismehl
1 EL Kakaopulver
1 EL glutenfreies Backpulver
1 TL löslicher Espresso
2 EL Milch
3 Eier, verquirlt

Creme
250 g Mascarpone
2 EL Puderzucker
1 EL Marsala

Nährwerte pro Törtchen:
kcal 276 (1 154 kJ) **Protein** 4 g **Kohlenhydrate** 21 g **Fett** 20 g **gesättigte Fettsäuren** 12 g **Ballaststoffe** 1 g

1 Ein Blech für 12 Muffins mit Papierförmchen auslegen. Alle Zutaten für den Teig in der Küchenmaschine oder mit dem Rührgerät in einer großen Schüssel zu einem glatten Teig verarbeiten.

2 Den fertigen Teig in die Förmchen löffeln und im vorgeheizten Ofen bei 200 °C, Gas Stufe 6, 12–15 Minuten backen, bis der Teig aufgegangen ist. Aus dem Ofen nehmen und auf einem Kuchengitter auskühlen lassen.

3 Die Zutaten für die Creme miteinander zu einer glatten Masse verquirlen und etwas davon über jedes Törtchen geben.

Kokosnuss-Teilchen

So schön saftig und aromatisch – es gibt kaum etwas Besseres zu einer Tasse Tee.

Ergibt 12 Teilchen
Zubereitungszeit 10 Minuten
Backzeit 15 Minuten

175 g weiche Butter
175 g feiner Zucker
einige Tropfen Vanilleextrakt
3 Eier, verquirlt
100 g Vollkornreismehl
100 g Maismehl
2 TL glutenfreies Backpulver
50 g Kokosraspel, in 100 ml kochendem Wasser eingeweicht

Creme
50 g weiche Butter
100 g Puderzucker
2 EL Kokosraspel, geröstet

Nährwerte pro Teilchen:
kcal 323 (1 350 kJ) **Protein** 2 g **Kohlenhydrate** 37 g **Fett** 19 g **gesättigte Fettsäuren** 13 g **Ballaststoffe** 1 g

1 Ein Blech für 12 Muffins mit Papierförmchen auslegen. Alle Zutaten für den Teig in der Küchenmaschine oder mit dem Rührgerät in einer großen Schüssel zu einem glatten Teig verarbeiten.

2 Den fertigen Teig in die Förmchen löffeln und im vorgeheizten Ofen bei 180 °C, Gas Stufe 4, 12–15 Minuten backen, bis die Teilchen goldbraun und aufgegangen sind. Aus dem Ofen nehmen und auf einem Kuchengitter auskühlen lassen.

3 Butter und Puderzucker zu einer cremigen Masse rühren, dann die gerösteten Kokosraspel untermengen und etwas davon auf jedes Teilchen streichen.

Luftige Erdbeer-Scones

Dass diese leichten, luftigen Scones glutenfrei sind, wird Ihnen so leicht niemand glauben.

Ergibt 8 Scones
Zubereitungszeit 10 Minuten
Backzeit 12 Minuten

175 g Reismehl, zusätzlich etwas zum Bestäuben
75 g Kartoffelmehl
1 TL Xanthan
1 TL glutenfreies Backpulver
1 TL Natron
75 g Butter, gewürfelt
40 g feiner Zucker
1 großes Ei, verquirlt
3 EL Buttermilch, zusätzlich etwas zum Einpinseln

Füllung
1 Becher (142 ml) Crème double
250 g Erdbeeren, gewaschen, geputzt, leicht zerdrückt

Nährwerte pro Scone:
kcal 292 (1 221 kJ) **Protein** 5 g **Kohlenhydrate** 30 g **Fett** 17 g **gesättigte Fettsäuren** 10 g **Ballaststoffe** 2 g

1 Die Mehle, Xanthan, Backpulver und Natron mit der Butter in der Küchenmaschine zu feinen Bröseln verarbeiten oder in einer Teigschüssel mit den Fingern vermischen. Den Zucker unterrühren, dann Eier und Buttermilch mit einer Messerklinge einarbeiten, sodass ein fester Teig entsteht.

2 Den Teig auf einer mit etwas Reismehl bestäubten Arbeitsfläche 2–3 cm dick ausrollen. Mit einer Ausstechform oder einem Glas (5 cm Durchmesser) acht Scones ausstechen. Auf ein bemehltes Backblech setzen, mit etwas Buttermilch einpinseln und im vorgeheizten Ofen bei 220 °C, Gas Stufe 7, etwa 12 Minuten backen, bis die Scones goldbraun und aufgegangen sind. Aus dem Ofen nehmen und auf einem Kuchengitter auskühlen lassen.

3 In der Zwischenzeit die Crème double aufschlagen, bis sie feste Häubchen bildet, dann die Erdbeeren unterheben. Die Scones aufschneiden und mit der Erdbeercreme füllen. Am besten schmecken sie ganz frisch zubereitet und noch lauwarm.

Saftige Orangenküchlein

Wenn Sie anstatt der Orange Zitrone verwenden, schmeckt es nicht so süß und noch frischer.

Ergibt 18 Küchlein
Zubereitungszeit 10 Minuten
Backzeit 15 Minuten

200 g weiche Butter
200 g feiner Roh-Rohrzucker
3 Eier, verquirlt
40 g Vollkornreismehl
200 g gemahlene Mandeln
geriebene Schale und Saft von einer unbehandelten Orange
50 g gehobelte Mandeln

Nährwerte pro Küchlein:
kcal 225 (940 kJ) **Protein** 4 g **Kohlenhydrate** 12 g **Fett** 18 g **gesättigte Fettsäuren** 7 g **Ballaststoffe** 1 g

1 Zwei Mini-Muffinbleche mit 18 kleinen Papierförmchen auslegen. Butter und Zucker in einer großen Schüssel schaumig rühren, dann nach und nach Eier, Mehl, gemahlene Mandeln, Orangenschale und -saft unterrühren.

2 Den fertigen Teig in die Förmchen löffeln, die gehobelten Mandeln darüberstreuen und im vorgeheizten Ofen bei 180 °C, Gas Stufe 4, 12–15 Minuten backen, bis die Küchlein goldbraun und aufgegangen sind. Aus dem Ofen nehmen und auf einem Kuchengitter auskühlen lassen.

Mini Mincemeat Pies

Kein englisches Weihnachtsfest ohne Früchtebrot!
Diese Minis mit Frischkäse sind besonders saftig.

Ergibt 18 Pies
Zubereitungszeit 15 Minuten, zzgl. Kühlen
Backzeit 15 Minuten

75 g Polenta
75 g Reismehl, zusätzlich etwas zum Bestäuben
½ TL Xanthan
1 Prise Mixed Spice (s. S. 60)
geriebene Schale von einer unbehandelten Zitrone oder Orange
100 g Butter
1 EL feiner Roh-Rohrzucker
1 Ei, verquirlt
etwas Milch und Puderzucker

Füllung
450 g fertige glutenfreie Mincemeat-Mischung (oder gehackte Trockenfrüchte mit etwas Sirup)
100 g Frischkäse

Nährwerte pro Pie:
kcal 122 (510 kJ) **Protein** 1 g **Kohlenhydrate** 16 g **Fett** 6 g **gesättigte Fettsäuren** 4 g **Ballaststoffe** 1 g

1 Polenta, Reismehl, Xanthan, Gewürze, Zitrusschale, Butter und Zucker in der Küchenmaschine zu einem bröseligen Teig verarbeiten oder in einer großen Schüssel von Hand verreiben. Das Ei dazugeben und vorsichtig mit einer Messerklinge einarbeiten, bis der Teig sich verbindet. Falls er zu trocken wird, etwas kaltes Wasser dazufügen. In Frischhaltefolie gewickelt 30 Minuten kalt stellen.

2 Den Teig aus dem Kühlschrank nehmen und auf einer mit Reismehl leicht bestäubten Arbeitsfläche etwas weich kneten. Dann dünn ausrollen und 18 Kreise mit 5 cm Durchmesser und 18 etwas kleinere als Deckel ausstechen. Mit den größeren 18 Tortelett-Förmchen auslegen.

3 In jede Form etwas Mincemeat und Frischkäse löffeln. Die Ränder der Teigdeckel mit etwas Milch einpinseln, sodass sie besser haften, die Pies damit verschließen und die Teigränder leicht andrücken. Dann die Oberseiten ebenfalls mit Milch einpinseln und die Pies im vorgeheizten Ofen bei 200 °C, Gas Stufe 6, 12–15 Minuten goldbraun backen. Aus dem Ofen nehmen und auf einem Kuchengitter etwas auskühlen lassen, dann noch warm mit Puderzucker bestäubt servieren.

Pekannuss-Pies

Ideal für Gäste! Mit einem Klecks Crème fraîche oder glutenfreiem Eis wird daraus ein delikates Dessert.

Ergibt 8 Pies
Zubereitungszeit 15 Minuten, zzgl. Kühlen
Backzeit 20 Minuten

75 g Vollkornreismehl, zusätzlich etwas zum Bestäuben
50 g Kichererbsenmehl
75 g Polenta
1 TL Xanthan
125 g Butter, gewürfelt
2 EL feiner Zucker
1 Ei, verquirlt

Belag
100 g Muskovade-Zucker
150 g Butter
125 g Honig
175 g halbierte Pekannüsse, die Hälfte davon grob gehackt
2 Eier, verquirlt

Nährwerte pro Pie:
kcal 606 (2 533 kJ) **Protein** 7 g **Kohlenhydrate** 43 g **Fett** 46 g **gesättigte Fettsäuren** 21 g **Ballaststoffe** 2 g

1 Mehle, Polenta, Xanthan und Butter in der Küchenmaschine zu einem bröseligen Teig verarbeiten oder in einer großen Schüssel von Hand vermengen. Den Zucker daruntermischen, dann das Ei vorsichtig mit einer Messerklinge einarbeiten und so viel kaltes Wasser dazugeben, dass ein fester Teig entsteht (vermutlich einige TL). Er sollte nicht zu klebrig geraten. Einige Minuten kneten, dann in Frischhaltefolie einwickeln und etwa 1 Stunde kalt stellen.

2 In der Zwischenzeit Zucker, Butter und Honig für den Belag in einem mittelgroßen Topf erhitzen, bis der Zucker sich auflöst. 10 Minuten abkühlen lassen.

3 Während der Belag abkühlt, den Teig auf einer mit Reismehl leicht bestäubten Arbeitsfläche etwas weich kneten. In acht Portionen teilen und jede 2–3 cm dick ausrollen. Acht flache, runde Förmchen mit ca. 11 cm Durchmesser damit auslegen und den überstehenden Teig mit dem Teigroller abschneiden.

4 Die gehackten Nüsse und die Eier unter die Zuckermasse rühren und das Ganze in die Förmchen gießen. Die halben Pekannüsse darauf anrichten. Die Pies im vorgeheizten Ofen bei 200 °C, Gas Stufe 6, 15–20 Minuten backen, bis der Belag fest geworden ist. Aus dem Ofen nehmen und abkühlen lassen.

Bananen-Toffee-Häppchen

Die beliebte Kombination aus Banane und Toffee macht diese Häppchen absolut unwiderstehlich.

Ergibt 24 Häppchen
Zubereitungszeit 10 Minuten
Backzeit 12 Minuten

200 g Vollkornreismehl
75 g weiche Butter
75 g feiner Roh-Rohrzucker
2 TL glutenfreies Backpulver
1 große Banane, zerdrückt
2 Eier
6 Toffees, gehackt

zum Verzieren
15 g weiche Bananenscheibchen oder getrocknete Bananen-Chips
1 EL Muskovade-Zucker

Nährwerte pro Häppchen:
kcal 122 (510 kJ) **Protein** 1 g **Kohlenhydrate** 16 g **Fett** 6 g **gesättigte Fettsäuren** 4 g **Ballaststoffe** 1 g

1 Zwei Mini-Muffinbleche mit 24 kleinen Papierförmchen auslegen. Alle Zutaten außer den Toffees in der Küchenmaschine oder mit dem Rührgerät in einer großen Schüssel zu einem glatten Teig verarbeiten, zum Schluss die gehackten Toffees unterrühren.

2 Den Teig in die Förmchen löffeln, den Großteil des Muskovade-Zuckers darüberstreuen und im vorgeheizten Ofen bei 200 °C, Gas Stufe 6, 10–12 Minuten backen, bis die Häppchen goldbraun sind und gerade eine feste Oberfläche bekommen. Aus dem Ofen nehmen und auf einem Kuchengitter auskühlen lassen. Dann mit den Bananenscheibchen oder -Chips verzieren und evtl. den restlichen Zucker darüberstreuen.

Kulinarische Kuchen

Blaubeer-Apfel-Kuchen

Ganz schnell zusammengerührt und doch so saftig und lecker – vor allem mit einem Klecks Crème fraîche.

Ergibt 12 Kuchenstücke
Zubereitung 10 Minuten
Backzeit 1 Stunde

2 kleine Speiseäpfel, geschält, entkernt, in Scheibchen geschnitten
250 g weiche Butter
250 g feiner Zucker
250 g Reismehl
1 EL glutenfreies Backpulver
4 Eier
150 g Blaubeeren

Nährwerte pro Kuchenstück:
kcal 312 (1 304 kJ) **Protein** 5 g **Kohlenhydrate** 35 g **Fett** 17 g **gesättigte Fettsäuren** 11 g **Ballaststoffe** 2 g

1 Den Boden einer 23-cm-Springform einfetten und die Apfelscheibchen darauf auslegen.

2 Butter, Zucker, Mehl, Backpulver und Eier 30 Sekunden in der Küchenmaschine verquirlen oder mit dem Rührgerät zu einem glatten Teig verarbeiten. Die Blaubeeren dazugeben und noch einmal 5 Sekunden mixen, bis sie leicht zerhackt sind.

3 Den Teig über die Äpfel gießen, im vorgeheizten Ofen bei 200 °C, Gas Stufe 6, 50–60 Minuten backen, bis der Kuchen goldbraun ist und eine feste Oberfläche hat. Aus dem Ofen nehmen und 10 Minuten abkühlen lassen, dann auf ein Kuchengitter stürzen, sodass die Äpfel obenauf sind. Den Kuchen vollständig auskühlen lassen.

Schoko-Haselnuss-Kuchen

Mit Eiscreme oder Crème fraîche wird aus diesem leichten, lockeren Kuchen auch ein tolles Dessert.

Ergibt 12 Kuchenstücke
Zubereitung 15 Minuten
Backzeit 40 Minuten

250 g blanchierte Haselnüsse
6 Eier, getrennt
200 g Puderzucker, gesiebt
75 g glutenfreie Semmelbrösel
1 EL Kakaopulver
geriebene Schale und Saft von einer unbehandelten Orange
75 g zerlassene Butter

Nährwerte pro Kuchenstück:
kcal 295 (1 233 kJ) **Protein** 7 g **Kohlenhydrate** 22 g **Fett** 20 g **gesättigte Fettsäuren** 5 g **Ballaststoffe** 2 g

1 Eine 23-cm-Springform fetten und mit Backpapier auslegen. Die Haselnüsse auf einem Backblech im vorgeheizten Ofen bei 180 °C, Gas Stufe 4, 10 Minuten rösten. Etwas abkühlen lassen, dann in der Küchenmaschine oder im Mixer zerkleinern, bis sie feinen Semmelbröseln ähneln.

2 Das Eiweiß in einer sauberen Teigschüssel zu sehr steifem Eischnee schlagen. 2 EL Puderzucker dazugeben und weiter schlagen, bis die Masse dick und glänzend ist.

3 Die Eigelbe in einer zweiten Schüssel mit dem restlichen Puderzucker zu einer hellen Creme rühren. Die übrigen Zutaten unterheben, dann den Teig in die vorbereitete Springform gießen. 40 Minuten bei 180 °C backen, dann herausnehmen und auf einem Kuchengitter auskühlen lassen.

Kokos-Mango-Kuchen

Das schmeckt verführerisch nach tropischem Sommer – ein tolles Rezept für Gäste.

Ergibt 12 Kuchenstücke
Zubereitung 10 Minuten
Backzeit 50 Minuten

100 g weiche Butter
100 g weicher hellbrauner Zucker
4 Eier, getrennt
400 ml Buttermilch
200 g Polenta
200 g Reismehl
2 TL glutenfreies Backpulver
50 g Kokosmilchpulver (aus dem Asia-Shop)
50 g Kokosraspel
1 reife Mango, Fruchtfleisch püriert

Füllung
250 g Mascarpone
1 reife Mango, Fruchtfleisch fein gehackt
2 EL Puderzucker

Nährwerte pro Kuchenstück:
kcal 374 (1563 kJ) **Protein** 9 g **Kohlenhydrate** 37 g **Fett** 22 g **gesättigte Fettsäuren** 13 g **Ballaststoffe** 3 g

1 Eine runde Kuchenform mit 23 cm Durchmesser einfetten und mit Backpapier auslegen. Butter und Zucker in einer Teigschüssel schaumig rühren, dann die Eigelbe darunterschlagen und nach und nach Buttermilch, Polenta, Reismehl, Backpulver, Kokosmilchpulver und -raspel unterrühren. In einer zweiten, sauberen Schüssel das Eiweiß steif schlagen. Eischnee und Mangopüree unter den Teig heben.

2 Den Teig in die Kuchenform geben und im vorgeheizten Ofen bei 200 °C, Gas Stufe 6, 45–50 Minuten backen, bis der Kuchen goldbraun ist und eine feste Oberfläche hat. Aus dem Ofen nehmen und auf einem Kuchengitter auskühlen lassen.

3 Den abgekühlten Kuchen waagerecht halbieren. Die Zutaten für die Füllung gründlich verquirlen. Die Hälfte der Masse auf den unteren Kuchenteil streichen, den oberen daraufsetzen und mit der restlichen Creme bestreichen.

Apfel-Fondant-Kuchen

Ein echtes Lieblingsrezept für die ganze Familie mit lecker süßem Fondant und saftigen Äpfeln.

Ergibt 12 Kuchenstücke
Zubereitung 25 Minuten
Backzeit 1½ Stunden

250 g feiner Zucker
3 Eier
400 g Vollkornreismehl
1 TL glutenfreies Backpulver
200 g zerlassene Butter
einige Tropfen Vanilleessenz
2 Speiseäpfel, geschält, entkernt und gehackt

Fondant (Schmelzglasur)
400 g Kondensmilch
150 ml Milch
500 g weicher brauner Zucker
100 g Butter

Nährwerte pro Kuchenstück:
kcal 376 (1 572 kJ) **Protein** 2 g **Kohlenhydrate** 57 g **Fett** 16 g **gesättigte Fettsäuren** 11 g **Ballaststoffe** 0 g

1 Alle Zutaten für den Fondant in einem Topf mit schwerem Boden sanft erhitzen, bis der Zucker geschmolzen ist. Die Masse dann zum Kochen bringen und etwa 10 Minuten kochen, bis sie auf einem Zuckerthermometer 116 °C erreicht hat. Vom Herd nehmen und 5 Minuten schlagen. In einer Blechdose abkühlen lassen.

2 Eine Kastenform (25 cm) einfetten und mit Backpapier auslegen. Zucker und Eier in einer Teigschüssel schaumig rühren. Mehl und Backpulver darüber sieben und gemeinsam mit der zerlassenen Butter, Vanille, zwei Dritteln der Äpfel und 75 g gehacktem Fondant unterrühren. In die Kastenform gießen, die restlichen Apfelstückchen und weitere 25 g gehackten Fondant darüberstreuen.

3 Im vorgeheizten Ofen bei 180 °C, Gas Stufe 4, etwa 1½ Stunden backen, bis der Kuchen goldbraun ist und eine feste Oberfläche hat. Aus dem Ofen nehmen und auf einem Kuchengitter auskühlen lassen.

Orangen-Honig-Kuchen

Mit Früchten oder Beeren serviert wird dieser Kuchen das Highlight Ihres nächsten Picknicks.

Ergibt 10 Kuchenstücke
Zubereitung 10 Minuten
Backzeit 1 Stunde

150 g weiche Butter
200 g feiner Zucker
geriebene Schale und Saft von einer unbehandelten Orange
2 EL flüssiger Honig
3 EL Marmelade
3 Eier, verquirlt
100 g Vollkornreismehl
1 TL glutenfreies Backpulver
75 g Polenta

Nährwerte pro Kuchenstück:
kcal 270 (1 129 kJ) **Protein** 1 g **Kohlenhydrate** 41 g **Fett** 12 g **gesättigte Fettsäuren** 8 g **Ballaststoffe** 1 g

1 Eine 20 cm große quadratische Backform einfetten und mit Backpapier auslegen. Butter und Zucker in einer Teigschüssel hell und schaumig rühren. Orangenschale und -saft, Honig, Marmelade und Eier miteinander verquirlen und dann unter die Buttermasse schlagen. Falls die Masse klumpt, etwas von dem abgewogenen Mehl dazugeben.

2 Die übrigen Zutaten unterrühren, den Teig dann in die Form gießen und im vorgeheizten Ofen bei 170 °C, Gas Stufe 3, etwa 1 Stunde backen, bis der Kuchen in der Mitte fest wird. Aus dem Ofen nehmen und auf einem Kuchengitter auskühlen lassen.

Schoko-Maronen-Roulade

Die winterlichen Aromen von Schokolade und Maronen passen perfekt zu dieser luftigen Roulade.

Ergibt 8 Rouladenstücke
Zubereitung 15 Minuten
Backzeit 20 Minuten

6 Eier, geteilt
125 g feiner Zucker
2 EL Kakaopulver
Puderzucker zum Bestäuben

Füllung
150 ml Schlagsahne
100 g gesüßtes Maronenpüree oder Crème de marrons

Nährwerte pro Rouladenstück:
kcal 215 (899 kJ) **Protein** 6 g **Kohlenhydrate** 21 g **Fett** 12 g **gesättigte Fettsäuren** 3 g **Ballaststoffe** 1 g

1 Eine ca. 29 x 18 cm große Backform einfetten und mit Backpapier auslegen. Das Eiweiß in einer sauberen Schüssel steif schlagen. Eigelbe und Zucker in einer zweiten Schüssel zu einer dicken, hellen Masse rühren, Eischnee und Kakao unterheben und die fertige Biskuitmasse in die Form streichen.

2 Im vorgeheizten Ofen bei 180 °C, Gas Stufe 4, 20 Minuten backen, dann herausnehmen und in der Form abkühlen lassen. Auf ein mit Puderzucker bestäubtes Stück Backpapier stürzen.

3 Die Sahne in einer großen Schüssel nicht zu steif schlagen, mit dem Maronenpüree vermengen und über den Teig streichen.

4 Mithilfe des Backpapiers die Roulade vorsichtig längs rollen und auf eine Kuchenplatte heben. Falls sie an einigen Stellen springt, ist es nicht so schlimm, sie sieht trotzdem genauso lecker aus wie sie schmeckt. Mit Puderzucker bestäuben, kühlen und noch am selben Tag essen.

Rührkuchen mit Karamellcreme

Schmeckt toll, sieht super aus und ist doch ganz schnell und einfach zubereitet.

Ergibt 10 Kuchenstücke
Zubereitung 10 Minuten
Backzeit 25 Minuten

250 g weiche Butter
250 g feiner Roh-Rohrzucker
4 Eier
250 g Reismehl
1 EL glutenfreies Backpulver
2 EL Milch

Füllung
300 g Quark
250 g Dulce de leche (südamerikanische Karamellcreme)

Nährwerte pro Kuchenstück:
kcal 444 (1 856 kJ) **Protein** 11 g **Kohlenhydrate** 51 g **Fett** 22 g **gesättigte Fettsäuren** 13 g **Ballaststoffe** 1 g

1 Zwei runde Kuchenformen (20 cm Durchmesser) einfetten. Alle Zutaten für den Teig in einer Küchenmaschine oder mit dem Rührgerät zu einer glatten Masse verarbeiten. Je eine Hälfte des Teigs in die beiden Formen streichen und im vorgeheizten Ofen bei 200 °C, Gas Stufe 6, 20–25 Minuten backen, bis die Kuchen goldbraun sind und eine feste Oberfläche haben. Aus dem Ofen nehmen und auf Kuchengittern auskühlen lassen.

2 Quark und Dulce de leche in einer Schüssel verquirlen. Die Hälfte davon auf einen der Kuchen streichen, den anderen daraufsetzen und mit der restlichen Creme bestreichen. Am selben Tag essen, oder gekühlt bis zu zwei Tage aufbewahren.

Saftiger Mandelkuchen

Gekochte Orangen und gemahlene Mandeln verleihen diesem Kuchen eine schöne Konsistenz und viel Aroma.

Ergibt 10 Kuchenstücke
Zubereitung 10 Minuten
Back- und Garzeit 1 Stunde 50 Minuten

2 große, unbehandelte Orangen
250 g feiner Zucker
275 g gemahlene Mandeln
1 TL glutenfreies Backpulver
6 Eier
200 g Vollkornreismehl

Nährwerte pro Kuchenstück:
kcal 371 (1551 kJ) **Protein** 12 g **Kohlenhydrate** 41 g **Fett** 18 g **gesättigte Fettsäuren** 2 g **Ballaststoffe** 4 g

1 Eine runde Kuchenform mit 20 cm Durchmesser einfetten. Die ganzen, ungeschälten Orangen in einem großen Topf mit Wasser 1 Stunde simmern lassen. Alle Kerne entfernen und anschließend im Mixer breiig pürieren.

2 Die übrigen Zutaten dazugeben und zu einem glatten Teig vermixen. In die Form gießen und im vorgeheizten Ofen bei 180 °C, Gas Stufe 4, 45–50 Minuten backen, bis die Oberfläche gerade fest geworden ist. Aus dem Ofen nehmen und auf einem Kuchengitter auskühlen lassen. Wer mag, genießt diesem saftigem Kuchen mit einem Klecks Schlagsahne.

Schoko-Rum-Kuchen

Wunderbar schokoladig und perfekt für besondere Anlässe.

Ergibt 16 Kuchenstücke
Zubereitung 15 Minuten
Backzeit 25 Minuten

150 g glutenfreie Schokolade
geriebene Schale und Saft von einer unbehandelten Orange
einige Tropfen Rumaroma
150 g weiche Butter
150 g feiner Zucker
4 Eier, getrennt
150 g gemahlene Mandeln

Schokoguss
150 g glutenfreie Schokolade
100 g Butter

zum Verzieren
8–16 Veilchenblüten aus Zucker

Nährwerte pro Kuchenstück:
kcal 264 (1 102 kJ) **Protein** 4 g **Kohlenhydrate** 18 g **Fett** 20 g **gesättigte Fettsäuren** 40 g **Ballaststoffe** 0,5 g

1 Zwei Kuchenformen mit 20 cm Durchmesser einfetten und mit Backpapier auslegen. Die Schokolade mit Orangensaft, -schale und Rumaroma im Wasserbad schmelzen.

2 1 EL vom Zucker abnehmen, den Rest mit der Butter schaumig rühren, dann nacheinander Eigelbe und Schokolade unterschlagen.

3 Das Eiweiß in einer sauberen Schüssel steif schlagen. Den restlichen Zucker dazugeben und weiterschlagen, bis der Eischnee steif und glänzend ist. Zusammen mit den gemahlenen Mandeln unter die Schokomasse heben und in die Kuchenformen streichen.

4 Im vorgeheizten Ofen bei 180 °C, Gas Stufe 4, 20–25 Minuten backen, bis die Ränder durch sind, die Mitten aber noch saftig. Herausnehmen, einige Minuten abkühlen lassen, dann vorsichtig auf ein Kuchengitter stürzen und vollständig auskühlen.

5 Die Schokolade für den Guss im Wasserbad schmelzen, danach die Butter löffelweise unterschlagen, bis auch sie geschmolzen ist. Vom Herd nehmen und gelegentlich schlagen, bis der Guss abgekühlt ist. Wenn er zu flüssig gerät, im Kühlschrank fest werden lassen. Den Kuchen füllen und glasieren, evtl. mit Veilchen verzieren.

Birnen-Marzipan-Kuchen

Getrocknete Birnen und zarte Marzipanstückchen – eine umwerfende Kombination!

Ergibt 12 Kuchenstücke
Zubereitung 10 Minuten, zzgl. Zeit zum Einweichen
Backzeit 1–1½ Stunden

150 g Sultaninen
300 g getrocknete Birnen, gehackt
2 EL Apfelsaft
einige Tropfen Mandelaroma
275 g weißes Marzipan, klein gewürfelt und gefroren
3 EL gemahlene Mandeln
75 g feiner Roh-Rohrzucker
100 g weiche Butter
2 Eier, verquirlt
175 g Reismehl

Nährwerte pro Kuchenstück:
kcal 344 (1438 kJ) **Protein** 5 g **Kohlenhydrate** 52 g **Fett** 13 g **gesättigte Fettsäuren** 5 g **Ballaststoffe** 4 g

1 Sultaninen, Birnen, Apfelsaft und Mandelaroma in einer Schüssel aus Glas, Keramik oder Plastik (kein Metall) über Nacht ziehen lassen.

2 Eine Kastenform (25 cm) einfetten und mit Backpapier auslegen. Die übrigen Kuchenzutaten in einer Teigschüssel mit dem Rührgerät vermengen, zum Schluss die eingeweichten Früchte unterrühren.

3 Den Teig in die Form gießen und im vorgeheizten Ofen bei 150 °C, Gas Stufe 2, 1–1½ Stunden backen, bis ein hineingestochener Spieß sauber herauskommt. Aus dem Ofen nehmen und auf einem Kuchengitter auskühlen lassen.

Kaffeecreme-Kuchen

Schmeckt sehr französisch und ist ganz schnell und einfach gemacht – ein herrlicher Geburtstagskuchen.

Ergibt 10 Kuchenstücke
Zubereitung 10 Minuten
Backzeit 25 Minuten

250 g weiche Butter
250 g feiner Roh-Rohrzucker
4 Eier
250 g Reismehl
2 TL glutenfreies Backpulver
1 EL löslicher Kaffee, in 1 EL kochendem Wasser gelöst

Creme
200 ml Crème double
1 TL löslicher Kaffee, in 1 EL kochendem Wasser gelöst
1 EL Puderzucker
1 Hand voll glutenfreie Kaffeebohnen mit Schokoüberzug
1 TL Kakaopulver

Nährwerte pro Kuchenstück:
kcal 452 (1 889 kJ) **Protein** 6 g **Kohlenhydrate** 40 g **Fett** 30 g **gesättigte Fettsäuren** 19 g **Ballaststoffe** 1 g

1 Zwei runde Kuchenformen mit 20 cm Durchmesser einfetten und mit Reismehl bestäuben. Alle Kuchenzutaten in der Küchenmaschine oder mit dem Rührgerät zu einem glatten Teig verarbeiten.

2 Den Teig in die Formen füllen und im vorgeheizten Ofen bei 200 °C, Gas Stufe 6, 20–25 Minuten backen, bis die Oberfläche fest ist. Herausnehmen und auf einem Kuchengitter abkühlen lassen.

3 Die Crème double mit Kaffee und Puderzucker aufschlagen. Einen Kuchen mit der Hälfte der Creme bestreichen, den anderen daraufsetzen und mit der restlichen Creme verzieren. Zum Schluss die Schokobohnen darüberstreuen und mit Kakaopulver bestäuben.

Saftiger Zitronenkuchen

Sauer macht lustig – genau das Richtige für einen gemütlichen Kaffeeklatsch.

Ergibt 12 Kuchenstücke
Zubereitung 10 Minuten
Backzeit 40 Minuten

250 g weiche Butter
250 g feiner Zucker
250 g Vollkornreismehl
2 TL glutenfreies Backpulver
4 Eier, verquirlt
geriebene Schale und Saft von einer unbehandelten Zitrone

Zitronenguss
geriebene Schale und Saft von zwei unbehandelten Zitronen
100 g feiner Zucker

Nährwerte pro Kuchenstück:
kcal 334 (1 396 kJ) **Protein** 5 g **Kohlenhydrate** 41 g **Fett** 18 g **gesättigte Fettsäuren** 11 g **Ballaststoffe** 1 g

1 Eine Kastenform (25 cm) einfetten und mit Backpapier auslegen. Alle Kuchenzutaten in der Küchenmaschine oder mit dem Rührgerät zu einem glatten Teig verarbeiten.

2 Den Teig in die Form gießen und im vorgeheizten Ofen bei 180 °C, Gas Stufe 4, 35–40 Minuten backen, bis die Oberfläche fest ist. Aus dem Ofen nehmen und auf ein Kuchengitter stellen.

3 Mit einem Spieß oder Cocktail-Stick Löcher in den gesamten Kuchen stechen. Die Zutaten für den Guss verrühren und über den noch warmen Kuchen träufeln, danach vollständig auskühlen lassen. Vor dem Servieren evtl. mit einem feinen Band aus Zitronenschale dekorieren.

Rote-Bete-Kuchen

Schön dunkel, saftig und nussig – kaum zu glauben, dass das Geheimnis dieses Kuchens Rote Bete ist.

Ergibt 10 Kuchenstücke
Zubereitung 15 Minuten
Backzeit 50 Minuten

200 g Butter, zerlassen
200 g weicher hellbrauner Zucker
200 g Rote Bete, roh geschält und gerieben
150 g gemischte ganze Nüsse, geröstet, ⅔ davon gehackt
3 Eier, geteilt
1 TL glutenfreies Backpulver
½ TL Zimtpulver
geriebene Schale und Saft von einer unbehandelten Orange
200 g Reismehl
3 EL gemahlene Mandeln

Verzierung
200 g Frischkäse
1 EL Puderzucker

Nährwerte pro Kuchenstück:
kcal 595 (2 487 kJ) **Protein** 12 g **Kohlenhydrate** 38 g **Fett** 44 g **gesättigte Fettsäuren** 19 g **Ballaststoffe** 4 g

1 Eine runde Kuchenform (20 cm) einfetten. Butter und Zucker in einer Teigschüssel zu einer hellen Masse aufschlagen. Rote Bete, die gemahlenen Nüsse und Eigelbe unterrühren.

2 In einer zweiten Schüssel Backpulver, Zimt, Orangenschale und -saft, Reismehl und gemahlene Mandeln vermengen. Zur Rote-Bete-Mischung geben und gründlich verquirlen. Das Eiweiß in einer sauberen Schüssel steif schlagen und unter den Teig heben.

3 Den Teig in die vorbereitete Form gießen und im vorgeheizten Ofen bei 200 °C, Gas Stufe 6, 45–50 Minuten backen. Herausnehmen und auf einem Kuchengitter auskühlen lassen.

4 Den Frischkäse mit dem Puderzucker glatt rühren und den Kuchen damit bestreichen. Zum Schluss als Verzierung die ganzen Nüsse in die Creme drücken.

ABBILDUNG SEITE 38–39

Bananenbrot mit Datteln

Ein echtes Lieblingsrezept! Man genießt das Bananenbrot mit etwas Butter bestrichen oder wie Kuchen.

Ergibt 12 Kuchenstücke
Zubereitung 20 Minuten
Backzeit 1 Stunde

125 g Datteln, entkernt, grob gehackt
1 TL Natron
2 EL kochendes Wasser
100 g weiche Butter
100 g feiner Zucker
2 Eier, verquirlt
3 große, reife Bananen, zerdrückt
200 g Reismehl
50 g Maismehl
1 TL glutenfreies Backpulver

Nährwerte pro Kuchenstück:
kcal 215 (899 kJ) Protein 4 g Kohlenhydrate 33 g Fett 8 g gesättigte Fettsäuren 2 g Ballaststoffe 2 g

1 Eine Kastenform (25 cm) einfetten und mit Backpapier auslegen. Datteln und Natron in einer kleinen Schüssel mit dem kochenden Wasser übergießen und 10 Minuten ziehen lassen.

2 In der Zwischenzeit Butter und Zucker in einer Teigschüssel schaumig schlagen. Die übrigen Zutaten und die Dattelmischung unterrühren und alles gut vermengen.

3 Den Teig in die vorbereitete Form gießen und im vorgeheizten Ofen bei 180 °C, Gas Stufe 4, etwa 1 Stunde backen, bis das Bananenbrot schön braun ist und eine feste Oberfläche hat. Aus dem Ofen nehmen und auf einem Kuchengitter auskühlen lassen. Wenn Sie es gern etwas herzhafter mögen, können Sie das Rezept mit einer Hand voll gemischter, gehackter Nüsse ergänzen.

Tropischer Früchtekuchen

Eine tolle Alternative zum weihnachtlichen Früchtebrot: Das tropische Dörrobst schmeckt einfach super.

Ergibt 14 Kuchenstücke
Zubereitung 15 Minuten, zzgl. Einweichen
Backzeit 1½–2 Stunden

ger. Schale u. Saft von zwei Orangen
ger. Schale einer Zitrone
300 g Rosinen
500 g tropische Trockenfrüchte, gehackt
1 EL kandierte Ingwerwürfel, gehackt
3 EL Brandy
250 g weiche Butter
250 g weicher hellbrauner Zucker
100 g Sojamehl
125 g Reismehl
1 TL Gewürzmischung (s. S. 60)
75 g gemahlene Mandeln
4 Eier, verquirlt

Verzierung
300 g getrocknete Früchte oder Nüsse
2 EL Aprikosenmarmelade

Nährwerte pro Kuchenstück:
kcal 436 (1 822 kJ) **Protein** 7 g **Kohlenhydrate** 65 g **Fett** 18 g **gesättigte Fettsäuren** 10 g **Ballaststoffe** 3 g

1 Verwenden Sie unbedingt unbehandelte Zitrusfrüchte. Orangenschale und -saft, Zitronenschale, Rosinen, Trockenfrüchte (zum Beispiel Papaya, Pfirsich, Cranberries, Aprikosen und Ananas), Ingwer und Brandy in einer Schüssel aus Glas oder Keramik (kein Metall) vermengen, abdecken und über Nacht ziehen lassen, sodass die Früchte die Feuchtigkeit aufnehmen.

2 Eine quadratische oder runde Kuchenform (18 bzw. 20 cm) einfetten, mit Backpapier auslegen und außen herum mit zwei Lagen Pack- oder Zeitungspapier umwickeln.

3 Butter und Zucker schaumig rühren. Mehle und Gewürz in eine zweite Schüssel sieben, die Mandeln unterrühren. Die Eier nach und nach in die Buttermasse schlagen. Falls es klumpt, etwas vom abgewogenen Mehl dazugeben, dann das übrige Mehl und die Früchte mitsamt ihrem Saft daruntermengen und den Teig in die vorbereitete Form gießen.

4 Im vorgeheizten Ofen bei 170 °C, Gas Stufe 3, 1½–2 Stunden backen, bis eine hineingestochene Backnadel sauber wieder herauskommt. Auf dem Kuchengitter abkühlen lassen, dann mit Trockenobst und Nüssen verzieren und mit erwärmter, passierter Marmelade glasieren.

Karottenkuchen mit Maracuja

Diesem saftigen, aromatischen Kuchen werden Sie nicht widerstehen können!

Ergibt 12 Kuchenstücke
Zubereitung 10 Minuten
Backzeit 40 Minuten

375 g Reismehl
1 EL glutenfreies Backpulver
1 TL Gewürzmischung (Zimt, Koriander, Piment, Muskat, Ingwer)
250 g weicher hellbrauner Zucker
300 g Karotten, geschält, gerieben
200 g Walnüsse, gehackt
100 ml Oliven- oder Rapsöl
4 EL Crème fraîche
3 Eier

Topping
200 g Frischkäse
2 EL Puderzucker
Fruchtfleisch von 2 Maracujas

Nährwerte pro Kuchenstück:
kcal 467 (1952 kJ) **Protein** 9 g **Kohlenhydrate** 43 g **Fett** 30 g **gesättigte Fettsäuren** 8 g **Ballaststoffe** 3 g

1 Eine Springform (20 cm) einfetten und mit Backpapier auslegen. Mehl, Backpulver und Gewürz in eine Teigschüssel sieben und mit Zucker, Karotten und Nüssen vermengen.

2 Öl, Crème fraîche und Eier in einer zweiten Schüssel verquirlen, dann unter die trockenen Zutaten rühren. Den Teig in die Form gießen und im vorgeheizten Ofen bei 180 °C, Gas Stufe 4, 35–40 Minuten backen, bis eine in die Mitte hineingestochene Nadel sauber wieder herauskommt. Auf einem Kuchengitter auskühlen lassen.

3 Frischkäse, Puderzucker und Maracuja-Fruchtfleisch miteinander verquirlen und den Kuchen damit bestreichen.

Pistazien-Zitrus-Kuchen

Wunderbar leicht und locker mit einem angenehm frischen Aroma.

Ergibt 14 Kuchenstücke
Zubereitung 10 Minuten
Backzeit 50 Minuten

200 g weiche Butter
75 g feiner Roh-Rohrzucker
3 Eier, verquirlt
175 g Maismehl
75 g gemahlene Mandeln
1 TL glutenfreies Backpulver
geriebene Schale von einer unbehandelten Orange
100 g ungesalzene Pistazien, geschält, grob gehackt

Guss
125 g feiner Zucker
geriebene Schale und Saft von einer unbehandelten Zitrone
geriebene Schale und Saft von einer unbehandelten Orange

Nährwerte pro Kuchenstück:
kcal 281 (1 175kJ) **Protein** 4 g **Kohlenhydrate** 27 g **Fett** 18 g **gesättigte Fettsäuren** 9 g **Ballaststoffe** 1 g

1 Eine Ringform (23 cm Durchmesser) einfetten und mit etwas Maismehl bestäuben. Butter und Zucker in einer Teigschüssel verquirlen. Dann abwechselnd Ei und Maismehl dazugeben und zu einem glatten Teig schlagen, zum Schluss die übrigen Zutaten unterrühren.

2 Den Teig in die vorbereitete Form gießen und im vorgeheizten Ofen bei 180 °C, Gas Stufe 4, etwa 50 Minuten backen, bis der Kuchen goldbraun ist und eine in die Mitte hineingestochene Nadel sauber wieder herauskommt. Herausnehmen und auf einem Kuchengitter auskühlen lassen.

3 Die Zutaten für den Guss in einem Topf erhitzen, wenn sich der Zucker aufgelöst hat, noch 2 Minuten kochen. Etwas abkühlen lassen und über den Kuchen gießen. Jedes Stück mit einem Klecks Crème fraîche servieren.

Haselnuss-Meringen-Sahnetorte

Knusprig-luftige Meringe mit hauchzarter Füllung – ein feiner Genuss für ganz besondere Anlässe.

Ergibt 8 Tortenstücke
Zubereitung 10 Minuten
Backzeit 45 Minuten

4 Eiweiß
250 g feiner Zucker
1 TL Weißweinessig
100 g Haselnüsse, geröstet und grob gehackt
200 ml Schlagsahne
275 g Himbeeren
etwas Kakaopulver zum Verzieren

Nährwerte pro Tortenstück:
kcal 298 (1 246 kJ) **Protein** 4 g **Kohlenhydrate** 32 g **Fett** 18 g **gesättigte Fettsäuren** 7 g **Ballaststoffe** 2 g

1 Drei Backbleche mit Backpapier auslegen. Das Eiweiß in einer sauberen Schüssel sehr steif schlagen. Die Hälfte des Zuckers darunterschlagen, bis die Masse dick und glänzend ist, danach den restlichen Zucker und den Essig dazugeben und weitere 15 Sekunden schlagen.

2 Die Hälfte der Haselnüsse unterheben. Die Meringen-Masse gleichmäßig aufteilen und auf den drei Blechen zu Kreisen mit knapp 20 cm Durchmesser ausstreichen. Im vorgeheizten Ofen bei 150 °C, Gas Stufe 2, 45 Minuten backen, dann ausschalten und die Meringen im Ofen abkühlen lassen.

3 Die Sahne nicht ganz steif schlagen und auf zwei der Meringen streichen. Die restlichen Nüsse und die Himbeeren darauf verteilen, dabei einige schöne Himbeeren für die Verzierung aufbewahren. Diese beiden Meringen übereinander stapeln, die dritte darübersetzen und mit den übrigen Himbeeren und etwas Kakao verzieren. Noch am selben Tag essen oder maximal 2 Tage kühlen.

Brombeer-Mandel-Kuchen

Ein leichter Rührkuchen, der durch seine üppige Mascarpone-Füllung so richtig lecker wird.

Ergibt 10 Kuchenstücke
Zubereitung 20 Minuten
Backzeit 40 Minuten

225 g Mandeln
6 Eier, getrennt
200 g Puderzucker, gesiebt
75 g glutenfreie Semmelbrösel
75 g Butter, zerlassen
300 g Brombeeren, leicht zerdrückt

Füllung
250 g Mascarpone
2 EL Puderzucker
einige Tropfen Vanilleextrakt

Nährwerte pro Kuchenstück:
kcal 371 (1 551 kJ) **Protein** 7 g **Kohlenhydrate** 22 g **Fett** 28 g **gesättigte Fettsäuren** 13 g **Ballaststoffe** 3 g

1 Eine Springform mit 23 cm Durchmesser einfetten und mit Backpapier auslegen. Die Mandeln auf einem Backblech verteilen und im vorgeheizten Ofen bei 180 °C, Gas Stufe 4, 10 Minuten goldbraun rösten. Herausnehmen, etwas abkühlen lassen, dann in der Küchenmaschine oder im Mixer zerkleinern, bis sie die Konsistenz von Semmelbröseln haben. Den Ofen nicht abschalten.

2 Das Eiweiß in einer sauberen Schüssel steif schlagen. 2 EL Puderzucker dazugeben und zu einer festen Masse weiterschlagen. Die Eigelbe in einer zweiten Schüssel mit dem restlichen Puderzucker zu einer hellen Masse rühren. Semmelbrösel, Butter, gehackte Mandeln, die Hälfte der Brombeeren und den Eischnee unterheben und in die vorbereitete Backform gießen. 40 Minuten backen, dann auf einem Kuchengitter auskühlen lassen.

3 Die Zutaten für die Füllung mit den übrigen Brombeeren verquirlen. Den Kuchen waagerecht halbieren und mit der Mascarpone-Creme füllen.

Kirsch-Ricotta-Kuchen

Der Ricotta macht ihn nicht nur schön saftig, er harmoniert auch bestens mit den anderen Zutaten.

Ergibt 12 Kuchenstücke
Zubereitung 10 Minuten
Backzeit 1½ Stunden

200 g Polenta
200 g Vollkornreismehl, zusätzlich etwas zum Bestäuben
1 TL glutenfreies Backpulver
einige Tropfen Mandelessenz
250 g feiner Zucker
250 g Ricotta
100 g zerlassene Butter
300 g Schattenmorellen im Glas

Belag
25 g Demerara-Zucker
50 g Mandelsplitter

Nährwerte pro Kuchenstück:
kcal 393 (1 643 kJ) **Protein** 6 g **Kohlenhydrate** 58 g **Fett** 16 g **gesättigte Fettsäuren** 9 g **Ballaststoffe** 3 g

1 Eine Springform (20 cm Durchmesser) einfetten und mit etwas Reismehl bestäuben. Polenta, Mehl und Backpulver in eine Teigschüssel sieben. Nacheinander Mandelessenz, Zucker, Ricotta, Butter und die Kirschen mit ihrem Saft darunterquirlen.

2 Den Teig in die vorbereitete Form gießen, die Zutaten für den Belag vermengen und darüberstreuen. Im vorgeheizten Ofen bei 170 °C, Gas Stufe 3, 1½ Stunden backen, bis der Kuchen goldbraun ist und eine in die Mitte gestochene Nadel sauber wieder herauskommt. Auf einem Kuchengitter auskühlen lassen.

Knusperkeks & Co.

Kokosmakronen

Leicht und knusprig – das klassische Weihnachtsgebäck knabbert man nicht nur im Advent gerne.

Ergibt 14 Makronen
Zubereitung 10 Minuten
Backzeit 20 Minuten

3 Eiweiß
150 g feiner Roh-Rohrzucker
2 EL gemahlene Mandeln
250 g Kokosflocken
evtl. 14 Backoblaten

Nährwerte pro Makrone:
kcal 165 (690 kJ) **Protein** 2 g **Kohlenhydrate** 12 g **Fett** 12 g **gesättigte Fettsäuren** 9 g **Ballaststoffe** 3 g

1 Zwei Bleche mit Backpapier auslegen. Alternativ können Sie auch Backoblaten verwenden. Das Eiweiß in einer sauberen Schüssel sehr steif schlagen, dann nach und nach den Zucker darunterschlagen, bis die Masse dick und glänzend wird. Zum Schluss Mandeln und Kokosflocken unterheben.

2 Auf jedes Blech 7 Löffel Kokosmasse setzen und im vorgeheizten Ofen bei 180 °C, Gas Stufe 4, 15–20 Minuten backen, bis die Makronen beginnen, goldbraun zu werden. Herausnehmen und auf einem Kuchengitter auskühlen lassen.

Zitronen-Madeleines

Dieses zarte Gebäck ist genau das Richtige für einen gepflegten Nachmittagstee.

Ergibt 36 Madeleines
Zubereitung 10 Minuten, zzgl. Ruhen
Backzeit 8 Minuten

2 große Eier
4 EL feiner Zucker
100 g Reismehl
100 g Butter, zerlassen, zusätzlich etwas zum Einfetten
geriebene Schale von einer unbehandelten Zitrone
Puderzucker zum Bestäuben

Nährwerte pro Madeleine:
kcal 44 (184 kJ) **Protein** 1 g **Kohlenhydrate** 4 g **Fett** 2 g **gesättigte Fettsäuren** 1 g **Ballaststoffe** 0 g

1 Eier und Zucker in einer Teigschüssel zu einer hellen Masse schlagen. Das Mehl dazusieben und unterrühren. Die zerlassene Butter hineinträufeln, die Zitronenschale dazugeben und alles gründlich vermengen. Eine halbe Stunde ruhen lassen.

2 36 Mulden von Madeleine- oder Mini-Muffin-Formen großzügig mit Butter einfetten. In jede Mulde etwa 1 TL Teig löffeln und im vorgeheizten Ofen bei 220 °C, Gas Stufe 7, etwa 8 Minuten backen, bis die Madeleines gerade fest geworden sind.

3 Herausnehmen und auf einem Kuchengitter auskühlen lassen, dann großzügig mit Puderzucker bestäuben. Am besten schmecken sie ganz frisch.

Schoko-Karamell-Shortbread

Das buttrige englische Mürbteiggebäck mal anders: mit Karamell und dicken Schokowirbeln.

Ergibt 15 Stücke
Zubereitung 20 Minuten, zzgl. Kühlen
Backzeit 15 Minuten

100 g weiche Butter
50 g feiner Zucker
100 g Vollkornreismehl
100 g Maismehl

Karamell
100 g Butter
50 g weicher hellbrauner Zucker
400 g Kondensmilch

Schokoguss
100 g glutenfreie weiße Schokolade
100 g glutenfreie braune Schokolade

Nährwerte pro Stück:
kcal 328 (1 371 kJ) **Protein** 4 g **Kohlenhydrate** 40 g **Fett** 17 g **gesättigte Fettsäuren** 11 g **Ballaststoffe** 0 g

1 Butter und Zucker in einer Teigschüssel schaumig rühren, dann die Mehle gründlich daruntermengen. Den Shortbread-Teig in eine rechteckige Form (etwa 28 x 18 cm) drücken und im vorgeheizten Ofen bei 200 °C, Gas Stufe 6, 10–12 Minuten goldbraun backen.

2 In der Zwischenzeit die Zutaten für das Karamell in einem Topf mit schwerem Boden bei geringer Hitze erwärmen, bis sich der Zucker aufgelöst hat. Anschließend 5 Minuten unter ständigem Rühren einkochen. Vom Herd nehmen, etwas abkühlen lassen, dann über das Shortbread gießen und vollständig auskühlen lassen.

3 Die weiße und braune Schokolade in getrennten Schüsseln im Wasserbad schmelzen. Auf das erstarrte Karamell abwechselnd weiße und dunkle Schokolade löffeln. Dann die Backform schwenken und auf die Arbeitsfläche klopfen, sodass die Schokolade ineinander läuft, zum Schluss mit einem Messer Wirbel hineinmalen. Kühlen, bis die Schokolade wieder fest geworden ist, dann in quadratische Stücke schneiden.

Fruchtige Shortbread-Riegel

Lecker und dabei auch noch gesund und sättigend: genau das richtige Pausenbrot, nicht nur für Kinder.

Ergibt 12 Riegel
Zubereitung 10 Minuten
Backzeit 25 Minuten

100 g weiche Butter
50 g feiner Zucker
100 g Vollkornreismehl
100 g Maismehl
150 g Datteln, entkernt, grob gehackt
geriebene Schale und Saft von einer unbehandelten Orange

Belag
100 g flüssiger Honig
50 g Butter, zerlassen
40 g glutenfreie Cornflakes, etwas zerdrückt
2 EL Kokosflocken
75 g getrocknete Aprikosen, gehackt
2 EL gemischte Körner (z. B. Kürbis- und Sonnenblumenkerne)

Nährwerte pro Riegel:
kcal 272 (1 137 kJ) **Protein** 2 g **Kohlenhydrate** 40 g **Fett** 13 g **gesättigte Fettsäuren** 8 g **Ballaststoffe** 0 g

1 Butter und Zucker in einer Teigschüssel schaumig rühren, dann gründlich mit den Mehlen vermengen. Den Shortbread-Teig in eine rechteckige Form (ca. 28 x 18 cm) drücken und im vorgeheizten Ofen bei 200 °C, Gas Stufe 6, 10 Minuten backen. Den Ofen danach nicht abschalten.

2 In der Zwischenzeit Datteln, Orangensaft und -schale in einem kleinen Topf erhitzen und leise köcheln lassen, bis die Mischung breiig ist. Etwas abkühlen lassen, dann auf dem Shortbread verstreichen.

3 Alle Zutaten für den Belag in einer Schüssel vermengen, auf dem Shortbread verteilen und andrücken. Weitere 12–15 Minuten backen, bis der Belag etwas Farbe annimmt. Leicht abkühlen, dann in 12 Riegel schneiden und in der Form vollständig auskühlen lassen.

Brownies mit weißer Schokolade

Ein Schuss Espresso verleiht diesen mild-süßen Brownies eine kräftige, aromatische Note.

Ergibt 15 Brownies
Zubereitung 10 Minuten
Backzeit 30 Minuten

75 glutenfreie weiße Schokolade
75 g Butter
175 g weicher hellbrauner Zucker
2 Eier, verquirlt
einige Tropfen Vanilleextrakt
50 g gemahlene Mandeln
100 g Reismehl
2 TL löslicher Espresso, in 1 EL Wasser aufgelöst
100 g Walnüsse, geröstet und grob gehackt

Nährwerte pro Brownie:
kcal 210 (878 kJ) **Protein** 3 g **Kohlenhydrate** 22 g **Fett** 13 g **gesättigte Fettsäuren** 2 g **Ballaststoffe** 0 g

1 Eine rechteckige Backform (ca. 28 x 18 cm) einfetten und mit Backpapier auslegen. Schokolade und Butter im Wasserbad schmelzen und dann rasch mit allen übrigen Zutaten vermengen.

2 Den Teig in die vorbereitete Form gießen und im vorgeheizten Ofen bei 180 °C, Gas Stufe 4, 30 Minuten backen, bis die Oberfläche in der Mitte etwas aufgeht. Herausnehmen, 10 Minuten abkühlen lassen, dann quadratische Stücke markieren und auf dem Kuchengitter auskühlen lassen.

Nussige Schoko-Brownies

So müssen Brownies sein: saftig, dunkel und sehr schokoladig. Mit Sahne oder Eis auch ein tolles Dessert.

Ergibt 15 Brownies
Zubereitung 10 Minuten
Backzeit 30 Minuten

75 g glutenfreie Schokolade
100 g Butter
200 g weicher hellbrauner Zucker
2 Eier, verquirlt
einige Tropfen Vanilleextrakt
50 g gemahlene Mandeln
25 g Vollkornreismehl
150 g gemischte Nüsse, geröstet und grob gehackt

Nährwerte pro Brownie:
kcal 230 (961 kJ) **Protein** 3 g **Kohlenhydrate** 19 g **Fett** 16 g **gesättigte Fettsäuren** 5 g **Ballaststoffe** 1 g

1 Eine rechteckige Backform (ca. 28 x 18 cm) einfetten und mit Backpapier auslegen. Schokolade und Butter im Wasserbad schmelzen und dann gründlich mit allen übrigen Zutaten vermengen.

2 Den Teig in die vorbereitete Form gießen und im vorgeheizten Ofen bei 180 °C, Gas Stufe 4, 30 Minuten backen, bis die Oberfläche in der Mitte etwas aufgeht. Herausnehmen, 10 Minuten abkühlen lassen, dann quadratische Stücke anschneiden und auf dem Kuchengitter auskühlen lassen.

Schoko-Nuss-Makronen

Mal was ganz anderes als die üblichen Kokosmakronen, aber mindestens genauso lecker.

Ergibt 12 Makronen
Zubereitung 10 Minuten
Backzeit 20 Minuten

3 Eiweiß
150 g feiner Zucker
150 g Haselnüsse, geröstet und gemahlen
2 EL Kakaopulver
einige Tropfen Vanilleextrakt
100 g glutenfreie Milchschokolade
evtl. Backoblaten

Nährwerte pro Makrone:
kcal 148 (619 kJ) **Protein** 4 g **Kohlenhydrate** 11 g **Fett** 10 g **gesättigte Fettsäuren** 1 g **Ballaststoffe** 2 g

1 Zwei Bleche mit Backpapier auslegen, alternativ können Sie auch Backoblaten verwenden. Das Eiweiß in einer sauberen Schüssel sehr steif schlagen. Nach und nach den Zucker darunterschlagen, bis die Masse dick und glänzend wird. Zum Schluss Haselnüsse, Kakao und Vanille unterheben.

2 Auf jedes Blech 6 Löffel Makronenmasse setzen und im vorgeheizten Ofen bei 180 °C, Gas Stufe 4, 15–20 Minuten backen. Herausnehmen und auf einem Kuchengitter auskühlen lassen.

3 Die Schokolade im Wasserbad schmelzen und über die Makronen träufeln.

Pflaumen-Törtchen

Saftige Früchte und Marzipan auf einem knusprigen Boden – ein perfektes Dessert.

Ergibt 6 Törtchen
Zubereitung 15 Minuten, zzgl. Kühlen
Backzeit 25 Minuten

75 g Vollkornreismehl, zusätzlich etwas zum Bemehlen
75 g Polenta
½ TL Xanthan
1 Prise Gewürzmischung (Zimt, Koriander, Piment, Muskat, Ingwer)
geriebene Schale von einer halben unbehandelten Zitrone
100 g Butter, gewürfelt
1 EL feiner Roh-Rohrzucker
1 Eigelb, verquirlt
100 g Marzipan, gerieben
3 EL Crème fraîche
500 g Pflaumen, halbiert und entsteint
2 EL Aprikosenmarmelade, erwärmt

Nährwerte pro Törtchen:
kcal 247 (1 032 kJ) **Protein** 3 g **Kohlenhydrate** 38 g **Fett** 10 g **gesättigte Fettsäuren** 5 g **Ballaststoffe** 1 g

1 Mehl, Polenta, Xanthan, Gewürzmischung, Zitronenschale, Butter und Zucker in der Küchenmaschine zu einer bröseligen Masse verarbeiten oder von Hand in einer großen Schüssel vermengen.

2 Vorsichtig mit einem Messer das Ei einarbeiten. Sollte der Teig zu trocken sein, um zu binden, etwas kaltes Wasser zugeben. Zu einer Kugel verkneten und eingewickelt 30 Minuten kalt stellen.

3 Den Teig in 6 Portionen teilen und separat auf einer bemehlten Arbeitsfläche zu etwa 10 x 6 cm großen Rechtecken ausrollen. Rundum einen etwa 1 cm breiten Rand markieren.

4 Die Teigstücke auf Backpapier auf ein Blech legen. Marzipan und Crème fraîche vermischen und innerhalb des Rands auf die Rechtecke streichen. Die Pflaumen darauf anrichten und alles im vorgeheizten Ofen bei 200 °C, Gas Stufe 6, 20–25 Minuten backen, bis der Boden goldbraun ist und etwas Saft beginnt, aus den Pflaumen auszutreten. Herausnehmen und abkühlen lassen, dann mit etwas Marmelade bepinseln. Schmeckt toll mit einem Klecks Sahne oder Crème fraîche.

Englischer Butterkuchen

Die glutenfreie Version des *bakewell slice* schmeckt mindestens so gut wie das Original.

Ergibt 12 Kuchenstücke
Zubereitung 20 Minuten
Backzeit 25 Minuten

Boden
75 g Polenta
75 g Vollkornreismehl
½ TL Xanthan
ger. Schale einer unbeh. Zitrone
100 g Butter, gewürfelt
1 EL feiner Roh-Rohrzucker
1 Eigelb, verquirlt
4 EL Himbeermarmelade

Rührteig
2 Eier
125 g feiner Zucker
125 g Reismehl
125 g Butter
50 g gemahlene Mandeln
1 TL glutenfreies Backpulver
50 g gehobelte Mandeln

Nährwerte pro Kuchenstück:
kcal 301 (1 258 kJ) **Protein** 5 g **Kohlenhydrate** 30 g **Fett** 18 g **gesättigte Fettsäuren** 9 g **Ballaststoffe** 1 g

1 Polenta, Mehl, Xanthan, Zitronenschale, Butter und Zucker in der Küchenmaschine zu einer bröseligen Masse verarbeiten oder von Hand in einer Teigschüssel vermengen. Vorsichtig mit einem Messer das Ei einarbeiten. Sollte der Teig zu trocken sein, um zu binden, etwas kaltes Wasser zugeben.

2 Den Teig in eine rechteckige Form (ca. 28 x 18 cm) drücken und mit der Marmelade bestreichen.

3 Alle Zutaten für den Rührteig, mit Ausnahme der Mandeln, in der Küchenmaschine oder mit dem Rührgerät zu einem glatten Teig verarbeiten. Über der Marmelade verteilen und im vorgeheizten Ofen bei 200 °C, Gas Stufe 6, 20–25 Minuten backen, bis die Oberfläche gerade fest geworden und etwas aufgegangen ist. Herausnehmen und abkühlen lassen. Die gehobelten Mandeln einige Minuten unter dem Grill rösten und über den Kuchen streuen.

Schoko-Shortbread

Das wunderbar mürbe und typisch englische Shortbread besticht hier durch die ungewöhnliche Kombination mit Schokolade und Pistazie.

Ergibt 12 Stücke
Zubereitung 10 Minuten
Backzeit 20 Minuten

100 g weiche Butter
50 g feiner Zucker
100 g Reismehl
100 g Maismehl
50 g glutenfreie Schoko-Tröpfchen oder gehackte glutenfreie Schokolade
50 g ungesalzene Pistazien, geschält, gehackt

Verzierung
75 g glutenfreie Schokolade, geschmolzen

Nährwerte pro Stück:
kcal 175 (732 kJ) **Protein** 1 g **Kohlenhydrate** 22 g **Fett** 10 g **gesättigte Fettsäuren** 2 g **Ballaststoffe** 0 g

ABBILDUNG S. 66–67

1 Butter und Zucker in einer Teigschüssel schaumig rühren. Die übrigen Zutaten dazugeben und gründlich vermengen. In eine rechteckige Form (ca. 28 x 18 cm) drücken und im vorgeheizten Ofen bei 180 °C, Gas Stufe 4, 20 Minuten goldbraun backen.

2 Herausnehmen, 12 Dreiecke anschneiden, das Shortbread dann auf einem Kuchengitter vollständig auskühlen lassen, bevor man es aus der Form nimmt. Manchmal gelingt es besser, wenn man es erst etwas kühlt. Zur Verzierung kreuz und quer mit flüssiger Schokolade beträufeln.

Erdnussecken

Ganz einfach zu machen, aber mit viel Erdnussbutter und Schokolade auch sehr reichhaltig – deshalb schneidet man sie in eher kleinere Ecken.

Ergibt 24 Ecken
Zubereitung 10 Minuten
Backzeit 25 Minuten

50 g weiche Butter
200 g Puderzucker
175 g glutenfreie Erdnussbutter mit Stückchen (crunchy peanut butter)
100 g Vollkornreismehl
1 Ei, verquirlt
200 g glutenfreie Schokolade
1 EL Butter

Nährwerte pro Ecke:
kcal 156 (652 kJ) **Protein** 3 g **Kohlenhydrate** 17 g **Fett** 9 g **gesättigte Fettsäuren** 4 g **Ballaststoffe** 1 g

1 Eine quadratische Backform (ca. 23 cm) einfetten und mit Backpapier auslegen. Butter und Zucker in einer Teigschüssel zu einer hellen, schaumigen Masse rühren, dann mit Erdnussbutter, Mehl und Ei vermengen.

2 Den Teig in die vorbereitete Form geben und im vorgeheizten Ofen bei 200 °C, Gas Stufe 6, 20–25 Minuten backen. Aus dem Ofen nehmen und abkühlen lassen.

3 Schokolade und Butter im Wasserbad schmelzen und über den abgekühlten Teig gießen. Wenn die Schokolade wieder fest geworden ist, in 24 Ecken schneiden.

Fruchtige Müslischnitten

Eine richtige Energiespritze und dabei super aromatisch und großartig in der Konsistenz.

Ergibt 15–20 Schnitten
Zubereitung 10 Minuten
Backzeit 20 Minuten

geriebene Schale von einer unbehandelten Zitrone
75 g Datteln, entsteint, gehackt
75 g ungesalzene Pistazien, geschält, gehackt
75 g gehobelte Mandeln, gehackt
125 g weicher, hellbrauner Zucker
150 g Hirseflocken
40 g glutenfreie Cornflakes, leicht zerdrückt
400 g Kondensmilch
25 g gemischte Körner, z. B. Kürbis- und Sonnenblumenkerne

Nährwerte pro Schnitte:
kcal 174 (728 kJ) **Protein** 4 g **Kohlenhydrate** 26 g **Fett** 6 g **gesättigte Fettsäuren** 2 g **Ballaststoffe** 2 g

1 Alle Zutaten einfach in einer Teigschüssel vermengen, in eine rechteckige Form (ca. 28 x 18 cm) streichen und im vorgeheizten Ofen bei 180 °C, Gas Stufe 4, 20 Minuten backen.

2 Herausnehmen, abkühlen lassen, in 15–20 Quadrate schneiden und kühlen, bis sie fest geworden sind. Naschkatzen beträufeln die abgekühlten Müslischnitten zusätzlich mit geschmolzener Schokolade.

Zitronenkekse

Eine leichte Kreation mit dem Aroma von Zitrone und gemahlenen Mandeln – das macht Lust auf mehr.

Ergibt 30 Kekse
Zubereitung 10 Minuten, zzgl. Kühlen
Backzeit 20 Minuten

100 g weißes Pflanzenfett oder pflanzliches Backfett
100 g weiche Butter
100 g feiner Zucker
1 Eigelb
geriebene Schale von einer unbehandelten Zitrone
1 EL Milch
200 g Vollkornreismehl, zusätzlich etwas zum Bestäuben
2 EL Maismehl
50 g gemahlene Mandeln

Nährwerte pro Keks:
kcal 98 (410 kJ) **Protein** 0 g **Kohlenhydrate** 10 g **Fett** 6 g **gesättigte Fettsäuren** 4 g **Ballaststoffe** 0 g

1 Zwei Bleche mit Backpapier auslegen. Alle Zutaten in der Küchenmaschine oder mit dem Rührgerät zu einem glatten Teig verarbeiten.

2 Den Teig auf eine mit etwas Reismehl bestäubte Arbeitsfläche geben, in 30 Portionen teilen und zu Kugeln rollen. Auf die Bleche setzen, mit dem Daumen etwas flach drücken und 30 Minuten kalt stellen. Im vorgeheizten Ofen bei 180 °C, Gas Stufe 4, etwa 20 Minuten goldbraun backen. Herausnehmen und auf den Blechen abkühlen lassen.

Walnusskekse

Ein unkompliziertes Rezept, das Sie super variieren können, etwa mit Rosinen oder Schokostückchen.

Ergibt 30 Kekse
Zubereitung 10 Minuten
Backzeit 20 Minuten

125 g weiche Butter
125 g feiner Roh-Rohrzucker
1 Eigelb
125 g Reismehl
1 TL glutenfreies Backpulver
100 g Walnüsse, geschält, gehackt

Nährwerte pro Keks:
kcal 86 (359 kJ) **Protein** 1 g **Kohlenhydrate** 8 g **Fett** 6 g **gesättigte Fettsäuren** 2 g **Ballaststoffe** 0 g

1 Butter und Zucker in einer Schüssel schaumig rühren. Das Eigelb darunterschlagen, danach die übrigen Zutaten einarbeiten, sodass ein glatter, weicher Teig entsteht.

2 Walnussgroße Teigstückchen auf Backbleche setzen und im vorgeheizten Ofen bei 180 °C, Gas Stufe 4, 15–20 Minuten goldbraun backen. Herausnehmen, einige Minuten warten, bis die Kekse etwas fester geworden sind, dann auf einem Kuchengitter auskühlen lassen.

Schoko-Cookies

Auch die glutenfreie Version des amerikanischen Klassikers ist unwiderstehlich lecker und knusprig.

Ergibt 30 Cookies
Zubereitung 10 Minuten
Backzeit 10 Minuten

75 g weiche Butter
100 g feiner Zucker
75 g weicher, hellbrauner Zucker
1 Ei, verquirlt
150 g Vollkornreismehl, zusätzlich etwas zum Bestäuben
½ TL Natron
1 EL Kakaopulver
75 g glutenfreie Schokotröpfchen oder glutenfreie Schokolade, gehackt

Nährwerte pro Cookie:
kcal 75 (314 kJ) **Protein** 0 g **Kohlenhydrate** 12 g **Fett** 3 g **gesättigte Fettsäuren** 2 g **Ballaststoffe** 0 g

1 Alle Zutaten mit Ausnahme der Schokolade in der Küchenmaschine oder mit dem Rührgerät zu einem glatten Teig verarbeiten. Die Schokostückchen untermengen und den Teig mit der Hand zu einer Kugel formen.

2 Auf einer mit etwas Reismehl bestäubten Arbeitsfläche in 30 Portionen teilen, zu Kugeln rollen und mit ausreichend Abstand auf Backbleche setzen. Mit einem Gabelrücken behutsam flach drücken.

3 Im vorgeheizten Ofen bei 180 °C, Gas Stufe 4, 8–10 Minuten backen. Herausnehmen, einige Minuten warten, bis die Kekse etwas fester geworden sind, dann auf einem Kuchengitter auskühlen lassen.

Aprikose-Mandel-Knusperkekse

Knusprig, fruchtig, aromatisch – diese kleinen Häppchen sind einfach umwerfend.

Ergibt 15 Kekse
Zubereitung 10 Minuten
Backzeit 15 Minuten

100 g Butter
50 g Demerara-Zucker
1 EL Zuckerrübensirup
100 g Vollkornreismehl, zusätzlich etwas zum Bestäuben
½ TL glutenfreies Backpulver
100 g Hirseflocken
75 g getrocknete Aprikosen, gehackt
50 g blanchierte Mandeln, geröstet und grob gehackt

Nährwerte pro Keks:
kcal 137 (573 kJ) **Protein** 2 g **Kohlenhydrate** 15 g **Fett** 8 g **gesättigte Fettsäuren** 6 g **Ballaststoffe** 1 g

1 Butter, Zucker und Sirup in einem großen Topf bei schwacher Hitze schmelzen. Die übrigen Zutaten unterrühren, sodass alles gut vermengt ist.

2 Die Mischung aus dem Topf kratzen und mit den Händen auf einer mit etwas Reismehl bestäubten Arbeitsfläche zusammenkneten. 15 Kugeln formen, auf zwei Backbleche setzen und zu Kreisen mit etwa 5 cm Durchmesser flach drücken.

3 Im vorgeheizten Ofen bei 180 °C, Gas Stufe 4, 15 Minuten backen. Herausnehmen, einige Minuten warten, bis die Kekse etwas fester geworden sind, dann auf einem Kuchengitter auskühlen lassen.

Leckere Ingwerkekse

Diese Kekse sind nicht nur leicht und locker, sondern auch perfekt, um sie in Tee oder Kaffee zu dippen.

Ergibt 20 Kekse
Zubereitung 10 Minuten
Backzeit 15 Minuten

200 g Vollkornreismehl, zusätzlich etwas zum Bestäuben
50 g gemahlene Mandeln
½ TL gemahlener Ingwer
100 g feiner Zucker
1 Stück in Sirup eingelegter Ingwer, ersatzweise kandierter Ingwer, sehr fein gehackt
1 Ei, verquirlt
100 g Butter, zerlassen

Nährwerte pro Keks:
kcal 111 (464 kJ) **Protein** 1 g **Kohlenhydrate** 15 g **Fett** 6 g **gesättigte Fettsäuren** 3 g **Ballaststoffe** 0 g

1 Mehl, Mandeln, Zucker und Ingwer in einer Teigschüssel vermengen. Eier und Butter verquirlen und unter die trockenen Zutaten rühren.

2 Den Teig aus der Schüssel nehmen und mit den Händen auf einer mit etwas Reismehl bestäubten Arbeitsfläche zusammenkneten. 20 Kugeln formen, die Kugeln auf zwei Backbleche setzen und etwas flach drücken.

3 Im vorgeheizten Ofen bei 180 °C, Gas Stufe 4, 12–15 Minuten goldbraun backen. Herausnehmen, einige Minuten warten, bis die Kekse etwas fester geworden sind, dann auf einem Kuchengitter auskühlen lassen.

Knusprige Orangenkekse

Durch die Polenta werden diese aromatischen Kekse richtig schön locker und knusprig.

Ergibt 20 Kekse
Zubereitung 10 Minuten, zzgl. Kühlen
Backzeit 8 Minuten

75 g Polenta
25 g Reismehl
25 g gemahlene Mandeln
½ TL glutenfreies Backpulver
75 g Puderzucker
50 g Butter, gewürfelt
1 Eigelb, verquirlt
geriebene Schale von einer unbehandelten Orange
25 g gehobelte Mandeln

Nährwert pro Keks:
kcal 67 (280 kJ) **Protein** 1 g **Kohlenhydrate** 7 g **Fett** 4 g **gesättigte Fettsäuren** 1 g **Ballaststoffe** 1 g

1 Legen Sie zwei Bleche mit Backpapier aus. Polenta, Mehl, gemahlene Mandeln, Backpulver, Puderzucker und Butter in der Küchenmaschine zu einer krümeligen Masse verarbeiten oder von Hand in einer Schüssel vermengen.

2 Eigelb und Orangenschale unterrühren und zu einem festen Teig verkneten. In Folie gewickelt 30 Minuten kalt stellen.

3 Aus dem Kühlschrank nehmen und auf einer mit etwas Reismehl bestäubten Arbeitsfläche dünn ausrollen. Mit einer runden Plätzchenform etwa 4 cm große Kekse ausstechen und auf die vorbereiteten Bleche setzen. Mit den gehobelten Mandeln bestreuen und im vorgeheizten Ofen bei 180 °C, Gas Stufe 4, etwa 8 Minuten goldbraun backen. Herausnehmen, einige Minuten warten, bis die Kekse etwas fester geworden sind, dann auf einem Kuchengitter auskühlen lassen.

Herrlich herzhaft

Weißbrot

Frisch gebackenes Weißbrot ist einfach etwas Wunderbares!

Ergibt 12 Brotscheiben
Zubereitung 20 Minuten, zzgl. Zeit zum Aufgehen des Hefeteigs
Backzeit 1 Stunde

675 g Vollkornreismehl, zusätzlich etwas zum Bestäuben
1 EL Xanthan
2 EL fettarmes Milchpulver
½ TL Salz
2 Päckchen Trockenhefe à 7 g
2 TL Kristallzucker
450 ml warmes Wasser
2 Eier, verquirlt
2 EL Olivenöl

Nährwerte pro Brotscheibe:
kcal 208 (869 kJ) **Protein** 8 g **Kohlenhydrate** 40 g **Fett** 4 g **gesättigte Fettsäuren** 0 g **Ballaststoffe** 2 g

ABBILDUNG S. 92–93

1 Mehl, Xanthan, Milchpulver und Salz in einer Teigschüssel vermengen. Hefe, Zucker und Wasser in einer zweiten Schüssel anrühren und an einem warmen Ort 10 Minuten ruhen lassen, bis der Vorteig schaumig ist. Die Hefemischung mit Eiern und Öl zu den trockenen Zutaten geben und verrühren. Den weichen Teig auf einer mit etwas Reismehl bestäubten Arbeitsfläche 5 Minuten kneten.

2 In einer leicht geölten Schüssel mit einem feuchten Küchentuch oder Frischhaltefolie abdecken und an einem warmen Platz etwa 1 Stunde auf die doppelte Größe aufgehen lassen. Erneut durchkneten und zu einem großen Laib formen. Den Laib auf dem Blech nochmals auf die doppelte Größe aufgehen lassen. Mit einem Messer einige Kerben auf der Oberseite machen.

3 Im vorgeheizten Ofen bei 200 °C, Gas Stufe 6, 45–50 Minuten backen, bis sich der Laib hohl anhört, wenn man darauf klopft. Vom Blech nehmen und weitere 5–10 Minuten auf dem Gitter backen, damit das Brot rundum knusprig wird. Auf einem Kuchengitter auskühlen lassen.

Buttermilchbrot

Superschnell, unkompliziert und leicht zu formen:
So macht Brotbacken Spaß.

Ergibt 8 Brotscheiben
Zubereitung 10 Minuten
Backzeit 35 Minuten

200 g Vollkornreismehl, zusätzlich etwas zum Bestäuben
175 g Maismehl
25 g Reiskleie
2 EL teilentrahmtes Milchpulver
½ TL Natron
1 TL glutenfreies Backpulver
1 Prise Salz
1 TL Xanthan
1 Prise Zucker
1 Ei, leicht verquirlt
300 ml Buttermilch
4 EL Wasser

Nährwerte pro Brotscheibe:
kcal 175 (732 kJ) **Protein** 8 g **Kohlenhydrate** 32 g **Fett** 2 g **gesättigte Fettsäuren** 0 g **Ballaststoffe** 4 g

1 Alle trockenen Zutaten in einer Teigschüssel vermengen. Ei, Buttermilch und Wasser in einer anderen Schüssel verquirlen und dann unter die Mehlmischung rühren und verkneten.

2 Den Teig auf einer mit etwas Reismehl bestäubten Arbeitsfläche zu einem runden Laib mit etwa 20 cm Durchmesser formen. Mit einem Messer 8 Kuchenstücke darauf markieren, dann auf ein Backblech setzen und mit etwas Reismehl bestäuben.

3 Den Backofen auf höchster Stufe vorheizen und das Brot 10 Minuten backen. Dann die Temperatur auf 200 °C, Gas Stufe 6, senken und weitere 25 Minuten goldbraun backen, bis sich der Laib hohl anhört, wenn man darauf klopft. Herausnehmen und auf einem Kuchengitter auskühlen lassen.

Feta-Kräuter-Brot

Eine fantastisch würzige Brotalternative.

Ergibt 14 Brotscheiben
Zubereitung 10 Minuten, zzgl. Zeit zum Aufgehen des Hefeteigs
Backzeit 45 Minuten

200 g Polenta
100 g Reismehl
50 g Milchpulver
1 Prise Salz
1 Päckchen Trockenhefe à 7 g
2 TL feiner Zucker
2 TL Xanthan
3 Eier, verquirlt
2 EL frische, gehackte Kräuter
450 ml lauwarmes Wasser
100 g Feta-Käse, zerbröselt

Nährwerte pro Brotscheibe:
kcal 118 (493 kJ) **Protein** 6 g **Kohlenhydrate** 16 g **Fett** 3 g **gesättigte Fettsäuren** 1 g **Ballaststoffe** 1 g

1 Eine Kastenform (25 cm) einfetten und mit Backpapier auslegen. Polenta, Mehl, Milchpulver und Salz in eine Teigschüssel sieben und gründlich vermengen. Hefe, Zucker und Xanthan unterrühren.

2 Eier, Kräuter und Wasser miteinander verquirlen und unter die trockenen Zutaten rühren. Mit dem Rührgerät 5 Minuten zu einem weichen Teig kneten, danach den Feta untermengen.

3 Den Teig in die vorbereitete Form geben, mit einem feuchten Tuch abdecken und an einem warmen Ort etwa 30 Minuten aufgehen lassen, bis er fast den Rand der Form erreicht. Im vorgeheizten Ofen bei 180 °C, Gas Stufe 4, etwa 45 Minuten backen, bis das Brot braun ist und sich hohl anhört, wenn man darauf klopft. Herausnehmen und auf einem Kuchengitter auskühlen lassen.

Kürbisbrot

Mit Käse und Chutney wird aus diesem einfachen Brot ein Feinschmecker-Imbiss.

Ergibt 12 Brotscheiben
Zubereitung 10 Minuten
Backzeit 1 Stunde

250 g Vollkornreismehl
250 g Maismehl
1 Prise Salz
½ TL Zimt
½ TL geriebene Muskatnuss
2 TL glutenfreies Backpulver
1 EL Xanthan
300 g Kürbis, gekocht, püriert
1 EL flüssiger Honig
2 EL Olivenöl
3 Eier, verquirlt
150 ml Wasser

Nährwerte pro Brotscheibe:
kcal 186 (778 kJ) **Protein** 6 g **Kohlenhydrate** 30 g **Fett** 4 g **gesättigte Fettsäuren** 0 g **Ballaststoffe** 3 g

1 Eine Kastenform (25 cm) einfetten und mit Backpapier auslegen. Alle trockenen Zutaten in einer Teigschüssel vermengen. Die übrigen Zutaten in einer zweiten Schüssel vermischen, zu den trockenen geben und alles gründlich verquirlen.

2 Den Teig in die vorbereitete Form gießen und im vorgeheizten Ofen bei 180 °C, Gas Stufe 4, etwa 1 Stunde backen, bis der Laib goldbraun und aufgegangen ist und eine feste Oberfläche hat. Herausnehmen, auf einem Gitter auskühlen lassen und mit Butter servieren.

Maisbrot

Die Amerikaner lieben ihr herzhaftes Maisbrot und tunken es in alle möglichen Suppen und Eintöpfe.

Ergibt 9 Stücke
Zubereitung 10 Minuten
Backzeit 20 Minuten

250 g Polenta
175 g Kichererbsenmehl
2 TL feiner Zucker
2 TL glutenfreies Backpulver
1 Prise Salz
3 Frühlingszwiebeln, fein geschnitten
2 EL Olivenöl
600 ml Milch
1 Ei

Nährwerte pro Stück:
kcal 104 (435 kJ) **Protein** 5 g **Kohlenhydrate** 10 g **Fett** 4 g **gesättigte Fettsäuren** 1g **Ballaststoffe** 2 g

1 Eine beschichtete quadratische Backform (20 cm) einfetten. Polenta, Mehl, Zucker, Backpulver, Salz und Frühlingszwiebeln in einer Teigschüssel vermengen.

2 In einer zweiten Schüssel Öl, Milch und Eier verquirlen. Die Mischung zu den restlichen Zutaten geben und alles gründlich verrühren. Den Teig in die vorbereitete Form geben und im vorgeheizten Ofen bei 200 °C, Gas Stufe 6, etwa 20 Minuten backen, bis das Brot goldbraun und fest geworden ist. In 9 Stücke schneiden und abkühlen lassen.

Nussiges Körnerbrot

Nüsse und Saaten geben diesem Brot viel Geschmack und eine tolle Konsistenz.

Ergibt 8 Stücke
Zubereitung 10 Minuten
Backzeit 25 Minuten

1 Ei, leicht verquirlt
300 ml Buttermilch
400 g Vollkornreismehl, zusätzlich etwas zum Bestäuben
25 g Reiskleie
2 EL fettarmes Milchpulver
½ TL Natron
1 TL glutenfreies Backpulver
½–1 TL Salz
1 TL Xanthan
1 Prise Zucker
50 g gemischte Körner, z. B. Kürbis- und Sonnenblumenkerne
50 g Haselnüsse, geröstet und grob gehackt

Nährwerte pro Stück:
kcal 263 (1 099 kJ) **Protein** 10 g **Kohlenhydrate** 37 g **Fett** 8 g **gesättigte Fettsäuren** 1 g **Ballaststoffe** 4 g

1 Ei und Buttermilch in einer Teigschüssel verquirlen. In einer zweiten Schüssel die restlichen Zutaten vermengen. Die Buttermilchmischung dazugeben und alles gründlich verkneten.

2 Den Teig auf einer mit etwas Reismehl bestäubten Arbeitsfläche zu einem runden Laib mit etwa 20 cm Durchmesser formen. Mit einem Messer 8 Stücke markieren und das Brot mit etwas Reismehl bestäuben.

3 Den Backofen auf höchster Stufe vorheizen und das Brot darin 10 Minuten backen. Die Temperatur dann auf 200 °C, Gas Stufe 6, senken und weitere 15 Minuten backen, bis das Brot goldbraun ist und sich hohl anhört, wenn man darauf klopft. Herausnehmen und auf einem Kuchengitter auskühlen lassen.

Walnussbrot

Buchweizenmehl gibt diesem leckeren Brot einen besonders erdigen, nussigen Geschmack.

Ergibt 12 Brotscheiben
Zubereitung 25 Minuten, zzgl. Zeit zum Aufgehen des Hefeteigs
Backzeit 1 Stunde

250 g Buchweizenmehl
500 g Vollkornreismehl, zusätzlich etwas zum Bestäuben
1 EL Xanthan
2 EL fettarmes Milchpulver
200 g Walnussstückchen
½ TL Salz
2 Päckchen Trockenhefe à 7 g
2 TL Zucker
450 ml warmes Wasser
2 Eier, verquirlt
2 EL flüssiger Honig
2 EL Olivenöl

Nährwerte pro Brotscheibe:
kcal 360 (1 505 kJ) **Protein** 8 g **Kohlenhydrate** 46 g **Fett** 16 g **gesättigte Fettsäuren** 1 g **Ballaststoffe** 1 g

1 Eine Kastenform (25 cm) einfetten. Die Mehle, Xanthan, Milchpulver, Walnüsse und Salz in einer Teigschüssel vermengen. Hefe, Zucker und Wasser in einer zweiten Schüssel anrühren und 10 Minuten an einem warmen Ort ruhen lassen, bis der Vorteig schaumig geworden ist. Die Hefemischung, Eier und Honig zu der Mehlmischung gießen und zu einem weichen Teig verarbeiten. Auf einer mit etwas Reismehl bestäubten Arbeitsfläche 5 Minuten kneten.

2 In einer leicht geölten Schüssel mit einem feuchten Küchentuch oder Frischhaltefolie abdecken und an einem warmen Ort etwa 1 Stunde bis zur doppelten Größe aufgehen lassen. Nochmals durchkneten und in der Kastenform ein zweites Mal gehen lassen.

3 Im vorgeheizten Ofen bei 200 °C, Gas Stufe 6, 45–50 Minuten backen, bis das Brot goldbraun ist und sich hohl anhört, wenn man darauf klopft. Aus der Form nehmen und auf einem Gitter weitere 5–10 Minuten backen, damit es rundum knusprig wird. Auf einem Kuchengitter auskühlen lassen.

Buchweizenbrot

Warm, mit etwas Butter und Marmelade und dazu eine Tasse Kaffee – fantastisch!

Ergibt 8 Brotscheiben
Zubereitung 10 Minuten, zzgl. Zeit zum Aufgehen des Hefeteigs
Backzeit 50 Minuten

200 g Buchweizenmehl
200 g Vollkornreismehl, zusätzlich etwas zum Bestäuben
2 TL Xanthan
2 EL Milchpulver
1 Päckchen Trockenhefe à 7 g
2 TL feiner Zucker
300 ml warmes Wasser
2 Eier, verquirlt

Glasur
1 Ei, verquirlt
1 EL Milch

Nährwerte pro Brotscheibe:
kcal 220 (920 kJ) **Protein** 7 g **Kohlenhydrate** 43 g **Fett** 3 g **gesättigte Fettsäuren** 1 g **Ballaststoffe** 4 g

1 Die Mehle, Xanthan und Milchpulver in einer Teigschüssel vermengen. Hefe, Zucker und Wasser in einer zweiten Schüssel anrühren und an einem warmen Ort 15 Minuten ruhen lassen, bis der Vorteig schaumig ist. Die Hefemischung mit den Eiern zu den trockenen Zutaten gießen und alles zu einem weichen Teig verkneten.

2 Den Teig auf einer mit etwas Reismehl bestäubten Arbeitsfläche 5 Minuten kneten. Zu einem Laib formen und auf dem Backblech mit einem feuchten Tuch abdecken. An einem warmen Ort 40 Minuten gehen lassen.

3 Ei und Milch für die Glasur verquirlen und den Laib damit bepinseln. Im vorgeheizten Ofen bei 200 °C, Gas Stufe 6, 45–50 Minuten backen, bis das Brot goldbraun ist und sich hohl anhört, wenn man darauf klopft. Herausnehmen und auf einem Kuchengitter auskühlen lassen.

Maisbrot mit Parmesan und Oliven

In diesem schlichten Brot steckt das volle Aroma der Mittelmeerländer.

Ergibt 14 Brotscheiben
Zubereitung 10 Minuten, zzgl. Zeit zum Aufgehen des Hefeteigs
Backzeit 45 Minuten

200 g Polenta
100 g Reismehl
50 g Milchpulver
1 Prise Salz
1 Päckchen Trockenhefe à 7 g
2 TL feiner Zucker
2 TL Xanthan
3 Eier, verquirlt
2 EL Paste aus getrockneten Tomaten
450 ml lauwarmes Wasser
50 g Parmesan, gerieben
50 g Oliven, entsteint, gehackt
2 TL frischer Oregano, gehackt

Nährwerte pro Brotscheibe
kcal 120 (502 kJ) **Protein** 6 g **Kohlenhydrate** 16 g **Fett** 3 g **gesättigte Fettsäuren** 1 g **Ballaststoffe** 2 g

1 Eine Kastenform (25 cm) einfetten und mit Backpapier auslegen. Polenta, Mehl und Milchpulver in einer Teigschüssel vermengen, dann Hefe, Zucker und Xanthan unterrühren.

2 Eier, Tomatenpaste und Wasser in einer zweiten Schüssel vermischen und mit den trockenen Zutaten zu einem weichen Teig verarbeiten. 5 Minuten kräftig schlagen, dann Parmesan, Oliven und Oregano unterrühren.

3 Den Teig in die vorbereitete Form geben, mit einem feuchten Tuch bedecken und an einem warmen Platz etwa 30 Minuten gehen lassen, bis er den Rand der Form erreicht hat. Im vorgeheizten Ofen bei 180 °C, Gas Stufe 4, etwa 45 Minuten backen, bis das Brot schön gebräunt ist und sich hohl anhört, wenn man darauf klopft. Herausnehmen und auf einem Kuchengitter auskühlen lassen.

Flaches Kartoffelbrot

Dieses schwere, reichhaltige Brot schmeckt am besten frisch aus dem Ofen und mit etwas Butter bestrichen.

Ergibt 12 Brotscheiben
Zubereitung 15 Minuten
Backzeit 35 Minuten

150 g Kartoffeln, in 2 cm große Würfel geschnitten und 10 Minuten gekocht
300 ml warme Milch
2 Eier, verquirlt
375 g Vollkornreismehl
1 TL Xanthan
2 EL Olivenöl
1 EL glutenfreies Backpulver
1 Prise Salz
2 TL feiner Zucker

Nährwerte pro Brotscheibe:
kcal 65 (272 kJ) **Protein** 2 g **Kohlenhydrate** 11 g **Fett** 1 g **gesättigte Fettsäuren** 0 g **Ballaststoffe** 1 g

1 Eine quadratische Backform (etwa 23 cm) einfetten. Kartoffeln, Milch und Eier in einer Teigschüssel verquirlen, dann nach und nach die restlichen Zutaten einarbeiten.

2 Den Teig in die vorbereitete Form geben und im vorgeheizten Ofen bei 200 °C, Gas Stufe 6, 30–35 Minuten backen, bis das Brot goldbraun ist und sich hohl anhört, wenn man darauf klopft. Herausnehmen und in der Form auskühlen lassen.

Scones mit Oliven und Tomaten

Diese Scones sind in null Komma nichts fertig und schmecken am besten frisch aus dem Ofen.

Ergibt 8 Scones
Zubereitung 15 Minuten
Backzeit 12 Minuten

175 g Reismehl
75 g Kartoffelmehl, zusätzlich etwas zum Bestäuben
1 TL Xanthan
1 TL glutenfreies Backpulver
1 TL Natron
1 Prise Salz
75 g Butter, gewürfelt
25 g grüne Oliven, entsteint, gehackt
4 getrocknete Tomaten, gehackt
1 EL frische Petersilie, gehackt
1 großes Ei, verquirlt
4 EL Buttermilch, zusätzlich etwas zum Bestreichen

Nährwerte pro Scone:
kcal 198 (828 kJ) **Protein** 5 g **Kohlenhydrate** 21 g **Fett** 10 g **gesättigte Fettsäuren** 6 g **Ballaststoffe** 2 g

1 Mehle, Xanthan, Backpulver, Natron und Butter in der Küchenmaschine oder von Hand zu einem bröseligen Teig verarbeiten. Oliven, Tomaten und Petersilie unterrühren, dann vorsichtig mit einem Messer das Ei und die Buttermilch einarbeiten, bis sich der Teig gleichmäßig verbindet.

2 Auf einer mit etwas Reismehl bestäubten Arbeitsfläche sanft zu einem 2,5 cm dicken Teigstück ausdrücken. Mit einem Glas oder einer 5 cm großen Plätzchenform Kreise ausstechen und auf das leicht bemehlte Backblech setzen. Mit etwas Buttermilch einpinseln und im vorgeheizten Ofen bei 220 °C, Gas Stufe 7, etwa 12 Minuten backen, bis die Scones goldbraun und aufgegangen sind. Herausnehmen und auf einem Kuchengitter auskühlen lassen.

Kartoffelfladen mit Thymian

Ein leichter, aromatischer Leckerbissen, am besten warm mit einem Stück Käse oder Butter.

Ergibt 6 Stücke
Zubereitung 10 Minuten
Backzeit 5 Minuten

250 g Kartoffeln, in 2 cm große Würfel geschnitten und 10 Minuten gekocht
50 g Reismehl, zusätzlich etwas zum Bestäuben
1 Prise Salz
1 TL glutenfreies Backpulver
1 TL frischer Thymian, gehackt
2 EL Buttermilch
1 Ei, verquirlt
etwas Öl und Butter zum Ausbacken

Nährwerte pro Stück:
kcal 91 (380 kJ) **Protein** 1 g **Kohlenhydrate** 15 g **Fett** 3 g **gesättigte Fettsäuren** 2 g **Ballaststoffe** 1 g

1 Kartoffeln und Butter in einer Teigschüssel vermengen und zu einer glatten Masse zerdrücken, dann die restlichen Zutaten gründlich unterrühren. Den Teig zu einer Kugel formen und auf einer mit etwas Reismehl bestäubten Arbeitsfläche zu einem etwa 5 mm dicken Kreis ausrollen. Daraus 6 Kuchenstücke schneiden.

2 Eine Grillpfanne oder eine beschichtete Bratpfanne mit etwas Öl und Butter einfetten, dann die Stücke auf beiden Seiten einige Minuten goldbraun braten. Warm mit Butter und Käse servieren.

Körnerbrötchen mit Kümmel

Schon beim Backen verströmen diese Brötchen den unverkennbaren, aromatischen Duft von Kümmel.

Ergibt 8 Brötchen
Zubereitung 25 Minuten, zzgl. Zeit zum Aufgehen des Hefeteigs
Backzeit 25 Minuten

200 g Buchweizenmehl
200 g Vollkornreismehl, zusätzlich etwas zum Bestäuben
2 TL Xanthan
1 Prise Salz
2 EL Milchpulver
2 EL Sonnenblumenkerne
2 TL Kümmel
1 Päckchen Trockenhefe à 7 g
2 TL Zucker
300 ml warmes Wasser
2 Eier, verquirlt

Glasur
1 Ei, verquirlt
1 EL Milch
1 TL Kümmel

Nährwerte pro Brötchen:
kcal 220 (920 kJ) **Protein** 7 g **Kohlenhydrate** 43 g **Fett** 3 g **gesättigte Fettsäuren** 1 g **Ballaststoffe** 1 g

1 Mehle, Xanthan, Milchpulver, Sonnenblumenkerne und Kümmel in einer Teigschüssel vermengen. Hefe, Zucker und warmes Wasser in einer zweiten Schüssel verrühren und an einem warmen Ort 15 Minuten ruhen lassen, bis der Vorteig schaumig ist.

2 Die Hefemischung zu den übrigen Zutaten gießen und alles zu einem weichen Teig verarbeiten. Auf einer mit etwas Reismehl bestäubten Arbeitsfläche 5 Minuten kneten. In 8 Portionen teilen und zu Brötchen formen. Auf einem Backblech mit einem feuchten Tuch bedecken und an einem warmen Ort 40 Minuten gehen lassen.

3 Ei und Milch für die Glasur verquirlen, die Brötchen damit einpinseln und etwas Kümmel darüberstreuen. Im vorgeheizten Ofen bei 200 °C, Gas Stufe 6, 25 Minuten backen, bis sie goldbraun sind und hohl klingen, wenn man darauf klopft. Herausnehmen und auf einem Kuchengitter auskühlen lassen.

Käsecracker mit Rosmarin

Schmeckt durch den Blauschimmelkäse herber als das übliche Käsegebäck – ideal zur Käseplatte.

Ergibt 20 Cracker
Zubereitung 5 Minuten, zzgl. Kühlen
Backzeit 12 Minuten

75 g Blauschimmelkäse (z. B. Stilton, Roquefort, Gorgonzola), zerkrümelt
75 g weiche Butter
100 g Reismehl, zusätzlich etwas zum Bestäuben
1 EL Polenta
1 TL frischer Rosmarin, gehackt
1 Eigelb

Nährwerte pro Cracker:
kcal 73 (305 kJ) **Protein** 2 g **Kohlenhydrate** 3 g **Fett** 5 g **gesättigte Fettsäuren** 4 g **Ballaststoffe** 0 g

1 Alle Zutaten mit Ausnahme des Eigelbs in der Küchenmaschine oder mit dem Rührgerät gründlich vermengen. Das Eigelb dazugeben und einige Sekunden mixen, bis sich die Mischung zu einem weichen Teig verbindet.

2 Den Teig zu einer Kugel formen und auf einer mit etwas Reismehl bestäubten Arbeitsfläche zu einer etwa 15 cm langen Wurst rollen. In Frischhaltefolie wickeln und eine halbe Stunde kühlen.

3 Den Teig auspacken und auf der bemehlten Arbeitsfläche in 20 Scheiben schneiden. Auf Backblechen verteilen und im vorgeheizten Ofen bei 200 °C, Gas Stufe 6, etwa 12 Minuten goldbraun backen. Auf dem Blech auskühlen lassen und servieren.

Indische Bhajis mit gedünsteten Zwiebeln

Eine tolle Beilage zu einem indischen Essen
oder mit einer Füllung ein leckerer Snack.

Ergibt 6 Portionen
Zubereitung 20 Minuten
Backzeit 5 Minuten

2 EL Olivenöl
1 Zwiebel, fein geschnitten
2 Knoblauchzehen, fein geschnitten
1 TL Kreuzkümmel
2 EL frischer Koriander, gehackt
200 g Kichererbsenmehl
1 TL Natron
½ TL Salz
250 ml Wasser

Nährwerte pro Portion:
kcal 310 (1 296 kJ) **Protein** 10 g **Kohlenhydrate** 60 g **Fett** 5 g **gesättigte Fettsäuren** 0 g **Ballaststoffe** 0 g

1 Die Hälfte des Öls in einer beschichteten Bratpfanne erhitzen. Zwiebel, Knoblauch und Kreuzkümmel darin 5–6 Minuten weich dünsten. Den Koriander unterrühren.

2 In der Zwischenzeit Mehl, Natron, Salz und Wasser vermengen und 10 Minuten quellen lassen, dann die Zwiebelmischung unterrühren.

3 Etwas Öl in der Pfanne erhitzen. Den Teig löffelweise 2–3 Minuten darin ausbacken, nach der Hälfte der Zeit wenden. Den restlichen Teig auf die gleiche Weise verarbeiten.

Parmesan-Paprika-Stangen

So wunderbar mürbe, dass sie ganz zerbrechlich sind. Macht aber nichts, sie sind sowieso im Nu gegessen.

Ergibt 30 Stangen
Zubereitung 5 Minuten, zzgl. Kühlen
Backzeit 6 Minuten

150 g Reismehl, zusätzlich etwas zum Bestäuben
100 g Polenta
25 g Parmesan, gerieben
1 TL Paprika
125 g Butter
1 Eigelb
2 EL Milch

Belag
1 EL Parmesan, gerieben

Nährwerte pro Stange:
kcal 63 (263 kJ) **Protein** 1 g **Kohlenhydrate** 6 g **Fett** 4 g **gesättigte Fettsäuren** 2 g **Ballaststoffe** 0 g

1 In einer Teigschüssel Mehl, Polenta, Parmesan und Paprika vermengen. Mit der Butter zu einem bröseligen Teig verarbeiten.

2 Eigelb und Milch verquirlen und nur so viel davon unter die übrigen Zutaten mischen, dass ein weicher, aber nicht klebriger Teig entsteht. Zu einer Kugel geformt 30 Minuten kühlen.

3 Auf einer mit etwas Reismehl bestäubten Arbeitsfläche zu einem etwa 2 mm dicken Rechteck ausrollen und in 30 Streifen schneiden. Den Parmesan darüberstreuen und auf einem Backblech im vorgeheizten Ofen bei 200 °C, Gas Stufe 6, 5–6 Minuten goldbraun backen. Auf dem Blech auskühlen lassen, dann vorsichtig mit einem Spatel abnehmen.

Feta-Kekse mit Thymian

Knuspriger Keks, milder Käse, zart süßliche Zwiebeln und aromatischer Thymian – einfach unwiderstehlich.

Ergibt 20 Kekse
Zubereitung 20 Minuten, zzgl. Kühlen
Backzeit 12 Minuten

1 TL Olivenöl
1 kleine Zwiebel, fein geschnitten
75 g Butter
75 g Feta-Käse, zerkrümelt
100 g Reismehl, zusätzlich etwas zum Bestäuben
1 EL Polenta
1 TL frischer Thymian, gehackt
1 Eigelb

Nährwerte pro Keks:
kcal 63 (263 kJ) **Protein** 1 g **Kohlenhydrate** 3 g **Fett** 4 g **gesättigte Fettsäuren** 2 g **Ballaststoffe** 0 g

1 Das Öl in einer Pfanne erhitzen und die Zwiebel darin 10 Minuten langsam goldbraun und weich dünsten. In der Zwischenzeit alle übrigen Zutaten mit Ausnahme des Eigelbs in der Küchenmaschine oder mit dem Rührgerät gründlich vermengen. Das Eigelb dazugeben und einige Sekunden verquirlen, bis sich der Teig verbindet. Zum Schluss die Zwiebel dazukneten.

2 Den Teig zu einer Kugel formen und auf einer mit etwas Reismehl bestäubten Arbeitsfläche zu einer etwa 15 cm langen Wurst rollen. In Frischhaltefolie wickeln und eine halbe Stunde kühlen.

3 Den Teig auspacken und auf der bemehlten Arbeitsfläche in 20 Scheiben schneiden. Auf Backblechen verteilen und im vorgeheizten Ofen bei 200 °C, Gas Stufe 6, etwa 12 Minuten goldbraun backen. Einige Minuten auf dem Blech abkühlen, dann auf ein Kuchengitter setzen und vollständig auskühlen lassen.

Für kleine Kekskünstler

Marshmallow Crispies

Sowas lieben Kinder: leckere Süßigkeiten selber machen und dabei viiieeel naschen!

Ergibt 12 Stück
Zubereitung 5 Minuten, zzgl. Abkühlen

150 g glutenfreie Milchschokolade
50 g glutenfreie Toffees
25 g Butter
100 g getrocknete Aprikosen, gehackt
1 Hand voll Mini-Marshmallows
75 g Reis-Crispies

Nährwerte pro Stück:
kcal 122 (510 kJ) **Protein** 2 g **Kohlenhydrate** 20 g **Fett** 4 g **gesättigte Fettsäuren** 1 g **Ballaststoffe** 0 g

1 Ein Blech mit Backpapier auslegen, Schokolade, Toffee und Butter im heißen Wasserbad langsam schmelzen.

2 Gründlich umrühren, dann die übrigen Zutaten untermengen. Mit einem Löffel kleine Häufchen auf das Backpapier setzen und abkühlen lassen, bis sie fest geworden sind.

Toffee-Knuspereien

Schoko-süß und super knusprig – genau das Richtige für den nächsten Kindergeburtstag.

Ergibt 12 Stück
Zubereitung 10 Minuten, zzgl. Kühlen

100 g glutenfreie Toffees
75 g glutenfreie Erdnussbutter mit Stückchen (crunchy peanut butter)
75 g glutenfreie Milchschokolade
25 g Butter
75 g glutenfreie Cornflakes

Nährwerte pro Stück:
kcal 144 (602 kJ) **Protein** 3 g **Kohlenhydrate** 15 g **Fett** 8 g **gesättigte Fettsäuren** 4 g **Ballaststoffe** 0 g

1 Toffees, Erdnussbutter, Schokolade und Butter in einem kleinen Topf bei schwacher Hitze 2–3 Minuten erhitzen, bis alles geschmolzen ist.

2 Vom Herd nehmen und einige Minuten abkühlen lassen, dann die Cornflakes unterrühren. In Konfektförmchen aus Papier löffeln und kalt stellen, bis sie fest geworden sind.

Lustige Tierkekse

Schmecken zart nach Orangen, sind schön knusprig und lassen sich gemeinsam phantasievoll verzieren.

Ergibt 20 Kekse
Zubereitung 10 Minuten
Backzeit 10 Minuten

200 g Vollkornreismehl, zusätzlich etwas zum Bestäuben
½ TL Xanthan
1 TL glutenfreies Backpulver
50 g weicher hellbrauner Zucker
geriebene Schale von einer unbehandelten Orange
50 g Butter
1 Ei
2 EL Zuckerrübensirup

Verzierung
150 g Puderzucker
1 EL kochendes Wasser
evtl. Lebensmittelfarbe
evtl. glutenfreier Zuckerdekor

Nährwerte pro Keks:
kcal 106 (443 kJ) **Protein** 0 g **Kohlenhydrate** 22 g **Fett** 2 g **gesättigte Fettsäuren** 1 g **Ballaststoffe** 0 g

1 Mehl, Xanthan, Backpulver und Zucker in die Küchenmaschine geben und bei laufendem Motor die restlichen Zutaten nach und nach untermischen. Sollte der Teig zu feucht werden, etwas Mehl zufügen, ist er zu trocken, etwas Milch.

2 Den Teig aus der Rührschüssel kratzen und auf einer mit etwas Reismehl bestäubten Arbeitsfläche 5 mm dick ausrollen. Mit Tier-Plätzchenformen etwa 20 Kekse ausstechen. Teigreste dabei immer wieder zusammenkneten und neu ausrollen, bis der ganze Teig verarbeitet ist.

3 Die Kekse auf Blechen verteilen und im vorgeheizten Ofen bei 160 °C, Gas Stufe 3, etwa 10 Minuten goldbraun backen. Herausnehmen und auf einem Kuchengitter auskühlen lassen.

4 Den Puderzucker mit dem kochenden Wasser anrühren und evtl. mit Lebensmittelfarbe mischen. Die Kekse damit flächig bestreichen oder nur Details bemalen. Danach evtl. mit Perlen, Zuckerstreuseln oder anderem Zuckerdekor verzieren und trocknen lassen.

Saftige Ingwerplätzchen

Anders als beim traditionellen Rezept stecken in diesen leckeren Happen eingelegte Ingwerstückchen.

Ergibt 16 Plätzchen
Zubereitung 10 Minuten
Backzeit 45 Minuten

300 g Vollkornreismehl
50 g weicher hellbrauner Zucker
1 TL Natron
1 TL gemahlener Ingwer
100 g Butter
4 EL Melasse
2 EL Zuckerrübensirup
2 Stücke in Sirup eingelegter Ingwer, ersatzweise kandierter Ingwer, fein gehackt
1 EL von dem Sirup, in dem der Ingwer eingelegt war
150 ml Milch
1 Ei, verquirlt

Nährwerte pro Plätzchen:
kcal 139 (581 kJ) **Protein** 2 g **Kohlenhydrate** 32 g **Fett** 18 g **gesättigte Fettsäuren** 7 g **Ballaststoffe** 1 g

1 Eine rechteckige Backform (ca. 20 x 15 cm) einfetten und mit Backpapier auslegen. Mehl, Zucker, Natron und gemahlenen Ingwer in einer Teigschüssel vermengen.

2 Butter, Melasse, Sirup, den eingelegten Ingwer und seinen Sirup in einem kleinen Topf bei schwacher Hitze erwärmen, bis die Butter geschmolzen ist. Zusammen mit Milch und Ei unter die trockenen Zutaten schlagen und alles gründlich vermengen.

3 Den Teig in die vorbereitete Form gießen und im vorgeheizten Ofen bei 150 °C, Gas Stufe 2, 40–45 Minuten backen, bis die Oberfläche fest geworden ist. Abkühlen lassen und in 16 Quadrate schneiden. In einem luftdichten Behälter 3–4 Tage gut haltbar.

Rosinenküchlein mit Karamellsauce

Ganz schnell und einfach in der Pfanne gemacht: ein echter Genuss, nicht nur für Kinder!

Ergibt 12–14 Küchlein
Zubereitung 10 Minuten
Backzeit 10 Minuten

150 g Vollkornreismehl
1 TL glutenfreies Backpulver
8 EL Milch
2 Eier
50 g feiner Zucker
50 g Rosinen oder getrocknete Cranberries
1 Stück Butter, zum Ausbacken

Sauce
4 EL Crème double
50 g Butter
50 g weicher hellbrauner Zucker
1 EL Honig

Nährwerte pro Küchlein:
kcal 166 (694 kJ) **Protein** 2 g **Kohlenhydrate** 24 g **Fett** 7 g **gesättigte Fettsäuren** 4 g **Ballaststoffe** 0 g

1 Mehl, Backpulver, Milch, Eier und Zucker in einer Schüssel zu einem glatten Teig verarbeiten, zum Schluss die Rosinen unterrühren. Beiseite stellen und quellen lassen.

2 In der Zwischenzeit alle Zutaten für die Sauce in einem kleinen Topf erhitzen und 3 Minuten sanft köcheln lassen.

3 Die Butter in einer schweren Bratpfanne oder Kasserolle erhitzen. Den Teig löffelweise darin zu kleinen Küchlein ausbacken, nach etwa 1 Minute, wenn sie Bläschen werfen, wenden und weitere 20 Sekunden braten. Aus der Pfanne nehmen und warm halten, während der restliche Teig verarbeitet wird. Mit der Sauce beträufeln und warm servieren.

Victoria-Sandwich-Kuchen

Ein toller Kuchen für alle Tage, den Sie auf viele Arten abwandeln können: mit Orangen- oder Zitronenschale oder mit Schokolade als Geburtstagskuchen.

Ergibt 12 Kuchenstücke
Zubereitung 10 Minuten
Backzeit 20 Minuten

175 g weiche Butter
175 g feiner Zucker
175 g Vollkornreismehl
3 Eier
1 EL glutenfreies Backpulver
einige Tropfen Vanilleextrakt
1 EL Milch

Verzierung
4 EL Himbeermarmelade
Puderzucker

Nährwerte pro Kuchenstück:
kcal 253 (1 058 kJ) **Protein** 2 g **Kohlenhydrate** 32 g **Fett** 13 g **gesättigte Fettsäuren** 8 g **Ballaststoffe** 0 g

1 Zwei runde Backformen (ca. 18 cm Durchmesser) einfetten und mit Mehl bestäuben. Alle Zutaten für den Kuchen in der Küchenmaschine oder mit dem Rührgerät zu einem glatten Teig verarbeiten.

2 Den Teig auf die beiden vorbereiteten Formen aufteilen und im vorgeheizten Ofen bei 200 °C, Gas Stufe 6, etwa 20 Minuten backen, bis er goldbraun und aufgegangen ist. Herausnehmen und auf Kuchengittern auskühlen lassen. Einen Teil mit der Marmelade bestreichen, den anderen darübersetzen und mit Puderzucker bestäuben.

Variante mit Schokolade
1 EL Reismehl durch Kakaopulver ersetzen, dann den Teig wie beschrieben zubereiten und backen. Für Schokofüllung und -guss 2 EL Kakaopulver in 2 EL kochendem Wasser auflösen und abkühlen lassen. 375 g Puderzucker mit 175 g weicher Butter schaumig rühren, dann den aufgelösten Kakao darunterrühren. Den Kuchen damit füllen und rundherum bestreichen.

Feines Schokokonfekt

Leicht und locker und unwiderstehlich lecker. Mit einer Kugel Eis wird daraus ein tolles Dessert.

Ergibt 12 Stücke
Zubereitung 10 Minuten
Backzeit 6 Minuten

75 g glutenfreie Milchschokolade
100 g Butter
2 Eier
2 Eigelbe
50 g feiner Zucker
1 EL Reismehl

Nährwerte pro Stück:
kcal 130 (543 kJ) **Protein** 2 g **Kohlenhydrate** 8 g **Fett** 10 g **gesättigte Fettsäuren** 6 g **Ballaststoffe** 0 g

1 Ein Mini-Muffin-Blech mit 12 Papierförmchen auslegen. Schokolade und Butter im Wasserbad schmelzen.

2 In einer anderen Schüssel Eier, Eigelbe und Zucker zu einer dicken, hellen Masse schlagen. Die Schokolade und das Mehl untermengen und in die Papierförmchen gießen. Im vorgeheizten Ofen bei 200 °C, Gas Stufe 6, 6 Minuten backen. Herausnehmen und auf einem Kuchengitter auskühlen lassen.

Schoko-Fondant-Mini-Muffins

Feine Schoko- und Fondantstückchen in einem luftigen Teig – dem kann keiner widerstehen.

Ergibt 40 Muffins
Zubereitung 30 Minuten
Backzeit 15 Minuten

200 g Vollkornreismehl
2 EL Kichererbsenmehl
1 TL Natron
2 TL glutenfreies Backpulver
½ TL Xanthan
125 g feiner Roh-Rohrzucker
75 g Butter, zerlassen
1 Ei, verquirlt
200 ml Buttermilch
75 g glutenfreie Schokotröpfchen oder gehackte glutenfreie Milchschokolade

Fondant
400 g Dosenmilch
150 ml Milch
500 g weicher hellbrauner Zucker
100 g Butter

Nährwerte pro Muffin:
kcal 71 (297 kJ) **Protein** 0 g **Kohlenhydrate** 11 g **Fett** 3 g **gesättigte Fettsäuren** 2 g **Ballaststoffe** 0 g

1 Alle Zutaten für den Fondant in einem Topf mit schwerem Boden sanft erhitzen, bis sich der Zucker aufgelöst hat. Zum Kochen bringen und 10 Minuten köcheln lassen, bis die Masse auf dem Zuckerthermometer 116 °C erreicht. Vom Herd nehmen und 5 Minuten schlagen, dann in eine Blechdose gießen und abkühlen lassen.

2 In der Zwischenzeit mehrere Mini-Muffinbleche mit 40 Papierförmchen auskleiden. Mehle, Natron, Backpulver und Xanthan in eine Teigschüssel sieben, dann den Zucker unterrühren.

3 In einer zweiten Schüssel Butter, Ei und Buttermilch verquirlen. Diese Zutaten behutsam mit der Mehlmischung vermengen. Dann 75 g gehackten Fondant und die Schokolade unterrühren.

4 Den Teig in die vorbereiteten Förmchen gießen und im vorgeheizten Ofen bei 200 °C, Gas Stufe 6, 15 Minuten backen bis die Muffins goldbraun und aufgegangen sind. Herausnehmen und auf einem Kuchengitter auskühlen lassen. Am besten noch am selben Tag verzehren.

Mango-Müsliriegel

Das ideale Pausenbrot: gesund, sättigend und unheimlich lecker.

Ergibt 12 Riegel
Zubereitung 10 Minuten
Backzeit 30 Minuten

100 g weicher hellbrauner Zucker
150 g Butter
2 EL Zuckerrübensirup
200 g Hirseflocken
2 EL gemischte Körner, z. B. Kürbis- und Sonnenblumenkerne
75 g getrocknete Mango, grob gehackt

Nährwerte pro Riegel:
kcal 219 (915 kJ) **Protein** 3 g **Kohlenhydrate** 23 g **Fett** 13 g **gesättigte Fettsäuren** 7 g **Ballaststoffe** 2 g

1 Zucker, Butter und Sirup in einem Topf mit schwerem Boden schmelzen lassen, dann die übrigen Zutaten unterrühren.

2 Die Mischung in eine rechteckige, beschichtete Backform (ca. 28 x 18 cm) füllen, leicht andrücken und im vorgeheizten Ofen bei 150 °C, Gas Stufe 2, 30 Minuten backen. In 12 Riegel schneiden und in der Form abkühlen lassen.

Marmorschnitten

Vanille und Schoko sind die klassischen Farben für Marmorkuchen, aber knallbunt geht's auch!

Ergibt 16 Schnitten
Zubereitung 10 Minuten
Backzeit 25 Minuten

175 g weiche Butter
175 g feiner Zucker
100 g Vollkornreismehl, zusätzlich etwas zum Bestäuben
75 g Maismehl
3 Eier
1 EL glutenfreies Backpulver
einige Tropfen Vanilleextrakt
1 EL Milch
1 EL Kakaopulver oder etwas Lebensmittelfarbe

Nährwerte pro Schnitte:
kcal 179 (748 kJ) **Protein** 1 g **Kohlenhydrate** 21 g **Fett** 10 g **gesättigte Fettsäuren** 6 g **Ballaststoffe** 0 g

1 Eine quadratische Backform (ca. 18 cm) einfetten und mit Mehl bestäuben. Alle Zutaten, mit Ausnahme des Kakaos, in der Küchenmaschine oder mit dem Rührgerät zu einem glatten Teig verarbeiten.

2 Den Teig halbieren und eine Hälfte mit Kakao oder Lebensmittelfarbe einfärben. Den gefärbten Teig über den hellen in die Form füllen und mit einer Gabel behutsam Spiralen durchziehen.

3 Im vorgeheizten Ofen bei 200 °C, Gas Stufe 6, etwa 25 Minuten backen, bis die Oberfläche fest geworden ist. Herausnehmen, in der Form abkühlen lassen und dann in 16 Quadrate schneiden.

Weiße Schokokekse

Herrlich mürbe und zart zergehen diese Kekse auf der Zunge – Vorsicht Suchtgefahr!

Ergibt 20 Kekse
Zubereitung 10 Minuten, zzgl. Kühlen
Backzeit 20 Minuten

50 g weißes Pflanzenfett oder Backfett
50 g Butter
50 g feiner Zucker
1 Eigelb
200 g Vollkornreismehl, zusätzlich etwas zum Bestäuben
1 EL gemahlene Mandeln
50 g glutenfreie weiße Schokolade, gerieben

Nährwerte pro Keks:
kcal 98 (410 kJ) **Protein** 0 g **Kohlenhydrate** 13 g **Fett** 5 g **gesättigte Fettsäuren** 3 g **Ballaststoffe** 0 g

1 Fett, Butter und Zucker in einer Teigschüssel verquirlen, das Eigelb und danach die übrigen Zutaten untermengen. Den Teig zu einer Kugel formen, in Frischhaltefolie wickeln und 1 Stunde kalt stellen.

2 Den Teig auswickeln und auf einer mit etwas Reismehl bestäubten Arbeitsfläche weich kneten. 20 kleine Kugeln daraus formen.

3 Die Kugeln auf zwei Backbleche setzen und mit einer Gabel etwas flach drücken. Im vorgeheizten Ofen bei 180 °C, Gas Stufe 4, etwa 20 Minuten goldbraun backen. Herausnehmen und auf einem Kuchengitter auskühlen lassen.

Kokos-Ananas-Schnitten

Wunderbar saftig und mit dem Aroma von Sonne und Süden – was könnte besser sein?

Ergibt 16 Schnitten
Zubereitung 10 Minuten
Backzeit 1 Stunde

175 g Vollkornreismehl, zusätzlich etwas zum Bestäuben
375 g feiner Zucker
2 TL glutenfreies Backpulver
1 TL Xanthan
1 TL Zimt
150 ml Raps- oder Maiskeimöl
2 Eier, verquirlt
einige Tropfen Vanilleextrakt
375 g Karotten, gerieben
50 g Kokosflocken
100 g Doseananas, abgetropft, gehackt
50 g Sultaninen

Belag
200 g Frischkäse
2 EL flüssiger Honig
evtl. 75 g Walnüsse, gehackt

Nährwerte pro Schnitte:
kcal 307 (1 283 kJ) Protein 2 g Kohlenhydrate 27 g Fett 21 g gesättigte Fettsäuren 7 g Ballaststoffe 1 g

1 Eine quadratische Backform (ca. 20 cm) einfetten und mit Mehl bestäuben. Mehl, Zucker, Backpulver, Xanthan und Zimt in eine Teigschüssel sieben. Öl, Eier und Vanilleextrakt gründlich damit verquirlen.

2 Karotten, Kokosflocken, Ananas und Sultaninen unterheben und den fertigen Teig in die vorbereitete Form geben. Im vorgeheizten Ofen bei 180 °C, Gas Stufe 4, etwa 1 Stunde backen, bis eine in die Mitte gestochene Nadel sauber wieder herauskommt. Herausnehmen und in der Form abkühlen lassen.

3 Frischkäse und Honig verquirlen und über den Kuchen streichen. Evtl. mit Walnüssen bestreuen und in 16 Quadrate schneiden.

Ingwermännchen

Diese würzigen Gesellen sind die Freunde aller englischen Kinder!

Ergibt 6 Ingwermännchen
Zubereitung 15 Minuten
Backzeit 10 Minuten

150 g Vollkornreismehl, zusätzlich etwas zum Bestäuben
2 EL Maismehl
1 Prise Natron
1 TL gemahlener Ingwer
½ TL Xanthan
40 g Butter
25 g weicher brauner Zucker
2 EL Zuckerrübensirup

Verzierung
100 g glutenfreie weiße Schokolade, geschmolzen
evtl. glutenfreier Zuckerdekor oder Rosinen

Nährwerte pro Männchen:
kcal 169 (706 kJ) **Protein** 0 g **Kohlenhydrate** 31 g **Fett** 6 g **gesättigte Fettsäuren** 4 g **Ballaststoffe** 0 g

ABBILDUNG S. 116–117

1 Mehle, Natron, Ingwer und Xanthan miteinander in eine Teigschüssel sieben. Butter, Zucker und Sirup in einem kleinen Topf sanft erhitzen, bis alles miteinander verschmolzen ist, unter die Mehlmischung rühren und den Teig zu einer Kugel formen.

2 Auf einer mit etwas Reismehl bestäubten Arbeitsfläche 5 mm dick ausrollen. Mit einer Plätzchenform 6 Männchen oder andere Figuren ausstechen und auf ein Backblech setzen. Bei einer kleineren Form werden es entsprechend mehr. Im vorgeheizten Ofen bei 190 °C, Gas Stufe 5, 8–10 Minuten goldbraun backen. Herausnehmen und auf einem Kuchengitter auskühlen lassen.

3 Mit der geschmolzenen Schokolade Details auf die Männchen tupfen und evtl. mit Rosinen oder Zuckerdekor verzieren.

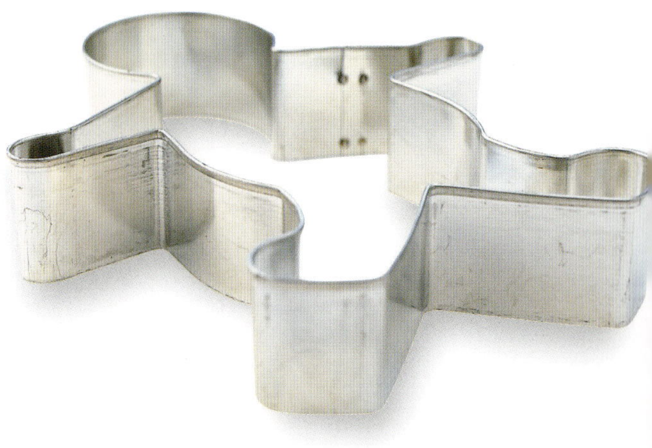

Blumenküchlein

Die bunten Blümchen auf diesem leckeren Gebäck malen die Kinder selbst!

Ergibt 12 Küchlein
Zubereitung 10 Minuten
Backzeit 20 Minuten

1 EL Milch
125 g feiner Zucker
100 g weiche Butter
100 g Reismehl
1 EL Kichererbsenmehl
2 Eier, verquirlt
2 EL gemahlene Mandeln
1 TL glutenfreies Backpulver
1 TL Xanthan
einige Tropfen Vanilleextrakt

Verzierung
200 g Puderzucker
1 EL kochendes Wasser
gebrauchsfertige Speisefarben aus der Tube

Nährwerte pro Küchlein:
kcal 227 (949 kJ) **Protein** 1 g **Kohlenhydrate** 36 g **Fett** 9 g **gesättigte Fettsäuren** 5 g **Ballaststoffe** 0 g

1 Ein Blech für größere Muffins mit 12 Papierförmchen auslegen. Alle Zutaten für die Küchlein in der Küchenmaschine oder mit dem Rührgerät zu einem glatten Teig verarbeiten.

2 Den Teig auf die 12 Förmchen aufteilen und im vorgeheizten Ofen bei 200 °C, Gas Stufe 6, 20 Minuten backen, bis die Küchlein goldbraun und aufgegangen sind. Herausnehmen und auf einem Kuchengitter auskühlen lassen.

3 In der Zwischenzeit den Puderzucker für den Guss mit dem kochenden Wasser zu einer glatten Paste anrühren und über die Küchlein streichen. Danach mit der Lebensmittelfarbe Blumen darauf malen.

Herzhafte Mais-Käse-Muffins

Nach dem gleichen Rezept können Sie auch Mini-Muffins machen – ein raffinierter Snack.

Ergibt 12 Muffins
Zubereitung 10 Minuten
Backzeit 20 Minuten

100 g Vollkornreismehl
50 g Maismehl
2 TL glutenfreies Backpulver
1 TL Xanthan
100 g Polenta
2 Eier
75 g Butter, geschmolzen
200 ml Buttermilch
75 g Maiskörner aus der Dose, abgetropft
50 g Bacon, gegrillt und gehackt
2 EL geriebener Parmesan
1 Prise Salz
100 g Cheddar- oder Emmentaler Käse, in 12 Würfel geschnitten

Nährwerte pro Muffin:
kcal 160 (669 kJ) **Protein** 5 g **Kohlenhydrate** 14 g **Fett** 9 g **gesättigte Fettsäuren** 6 g **Ballaststoffe** 0 g

1 Ein Blech für größere Muffins mit 12 Papierförmchen auslegen. Mehle, Backpulver, Xanthan und Polenta in einer Teigschüssel vermengen. Eier, geschmolzene Butter und Buttermilch in einer zweiten Schüssel verquirlen und gemeinsam mit Mais, Bacon, Parmesan und Salz unter die Mehlmischung rühren.

2 Die Hälfte des Teigs in die Muffinförmchen löffeln, je einen Käsewürfel hineingeben, dann den restlichen Teig darüber verteilen. Im vorgeheizten Ofen bei 180 °C, Gas Stufe 4, 20 Minuten backen, bis die Muffins goldgelb und aufgegangen sind. Am besten schmecken sie frisch am selben Tag.

Knusperküchlein mit Dattel und Apfel

Innen weich und saftig und außen wunderbar knusprig.

Ergibt 12 Küchlein
Zubereitung 15 Minuten
Backzeit 15 Minuten

150 g weiche Butter
150 g Raffinade-Zucker
75 g Reismehl
75 g Maismehl
1 EL glutenfreies Backpulver
2 EL Milch
3 Eier, verquirlt
2 Tafeläpfel, geschält und ohne das Kerngehäuse gehackt
75 g getrocknete Datteln, gehackt

Streusel
1 Prise Gewürzmischung (s. S. 60)
3 EL Vollkornreismehl
3 EL Demerara-Zucker
2 EL Butter
50 g Walnüsse, grob gehackt
1 EL Wasser

Nährwerte pro Küchlein:
kcal 265 (1 108 kJ) **Protein** 3 g **Kohlenhydrate** 27 g **Fett** 16 g **gesättigte Fettsäuren** 9 g **Ballaststoffe** 0 g

1 Ein Blech für größere Muffins mit 12 Papierförmchen auslegen. Butter, Zucker, Mehle, Backpulver, Milch und Eier in der Küchenmaschine oder mit dem Rührgerät gründlich vermengen. Äpfel und Datteln unterheben, dann den Teig in die Förmchen löffeln.

2 Für die Streusel Gewürz, Mehl, Zucker und Butter mit den Fingerspitzen in einer Schüssel vermengen. Die Walnüsse und das Wasser unterrühren und über die Küchlein streuen.

3 Im vorgeheizten Ofen bei 200 °C, Gas Stufe 6, 15 Minuten backen, bis die Küchlein goldgelb und an der Oberfläche fest sind. Herausnehmen und auskühlen lassen.

Popcorn Kleckse

Klebrig-süßes Popcorn mit leckerer Schokolade überzogen – Ihre Kinder werden es lieben!

Ergibt 24 Kleckse
Zubereitung 5 Minuten, zzgl. Kühlen

1 TL Öl
2 EL Popcorn-Mais
50 g Butter
1 EL Zuckerrübensirup
200 g glutenfreie Milchschokolade
evtl. 50 g ungesalzene Erdnüsse, grob gehackt

Nährwerte pro Klecks:
kcal 114 (477 kJ) **Protein** 2 g **Kohlenhydrate** 8 g **Fett** 8 g **gesättigte Fettsäuren** 3 g **Ballaststoffe** 0 g

1 Das Öl in einem großen Topf erhitzen. Den Mais im geschlossenen Topf schwenken, bis alle Maiskörner mit lautem Plopp aufgeplatzt sind. Den Topf vom Herd nehmen.

2 Butter, Sirup und Schokolade in einem größeren Topf sanft erhitzen, bis alles miteinander verschmolzen ist. Das Popcorn und evtl. Erdnüsse unterrühren. In 24 Konfektförmchen aus Papier löffeln und im Kühlschrank fest werden lassen.

Pizza-Schnecken

Als Füllung dient, was Ihren Kindern schmeckt – oder was Sie gerade im Haus haben.

Ergibt 8 Schnecken
Zubereitung 25 Minuten, zzgl. Zeit zum Aufgehen des Hefeteigs
Backzeit 15 Minuten

2 Päckchen Trockenhefe à 7 g
1 TL feiner Zucker
250 ml warme Milch
175 g Reismehl, zusätzlich etwas zum Bestäuben
125 g Kartoffelmehl
1 TL glutenfreies Backpulver
1 TL Xanthan
1 Prise Salz
1 EL Sonnenblumenöl
1 Ei, verquirlt

Füllung
4 EL pürierte Tomaten
200 g geriebener Käse (z. B. Mozzarella)
75 g Kochschinken, hauchdünn geschnitten und zerpflückt
1 Hand voll frisches Basilikum, gehackt

Nährwerte pro Schnecke:
kcal 331 (1 384 kJ) **Protein** 12 g **Kohlenhydrate** 48 g **Fett** 11 g **gesättigte Fettsäuren** 8 g **Ballaststoffe** 1 g

1 Hefe, Zucker und Milch in einer Schüssel verrühren und 10 Minuten an einen warmen Ort stellen, bis der Vorteig schaumig ist. In einer Teigschüssel die Mehle, Backpulver, Xanthan und Salz vermengen.

2 Öl und Ei mit der Hefe verquirlen und zur Mehlmischung gießen. Alles mit einer Gabel vermengen, dann auf einer mit etwas Reismehl bestäubten Arbeitsfläche 5 Minuten kneten. Falls der Teig zu klebrig wird, etwas Reismehl hinzufügen. In einer leicht geölten Schüssel mit einem feuchten Tuch abdecken und an einem warmen Ort etwa 40 Minuten gehen lassen.

3 Den Teig auf der bemehlten Arbeitsfläche zu einem etwa 30 x 25 cm großen Rechteck ausrollen. Mit den pürierten Tomaten bestreichen, die übrigen Zutaten darüberstreuen. Von der langen Seite her aufrollen und in 8 Stücke schneiden.

4 Die Schnecken dicht beieinander auf ein kleines, tiefes Blech oder in eine Auflaufform setzen. Im vorgeheizten Ofen bei 220 °C, Gas Stufe 7, 12–15 Minuten goldbraun backen. Frisch aus dem Ofen servieren, je nach Appetit brauchen Sie 1–2 Schnecken pro Kind.

Register

Dank

Ich danke meinem Mann Phil, den Jungs, Ollie und Freddie, und meinen lieben Nachbarn, die alle Rezepte ausprobiert und mir ein so gutes Feedback gegeben haben.

Redaktion: Nicola Hill
Lektorat: Lisa John
Deutsches Lektorat: Ilka Grunenberg
Layout: Penny Stock
Designer: Miranda Harvey
Photos: Emma Neish
Food Stylist: Felicity Barnum-Bobb
Herstellung: Manjit Sihra
Übersetzung: Stephanie Schauenburg